定見之外

生活日常的哲學短篇

增訂版

U0118437

郭柏年　著

OXFORD
UNIVERSITY PRESS

牛津大學出版社隸屬牛津大學，以環球出版為志業，
弘揚大學卓於研究、博於學術、篤於教育的優良傳統
Oxford 為牛津大學出版社於英國及特定國家的註冊商標

牛津大學出版社（中國）有限公司出版
香港九龍灣宏遠街 1 號一號九龍 39 樓

© 牛津大學出版社（中國）有限公司 2024

本書版權為牛津大學出版社（中國）有限公司所有。
若非獲得本社書面允許，或援引清晰的法律條文為據，或獲得授權，
或取得適當的複印版權機構認可，不得以任何形式複製或傳送本書，
或貯存本書於數據檢索系統中，或用於文字和資料探勘，或訓練人工智能。
如欲豁免以上限制而複製本書，須事先致函上址向
牛津大學出版社（中國）有限公司版權部查詢。

本書不得以異於原樣的裝訂方式或設計發行

ISBN: 978-988-8634-80-4

1 0 9 8 7 6 5

牛津大學出版社在本出版物中善意提供的第三方網站連結僅供參考，
敝社不就網站內容承擔任何責任。
Published & Printed in Hong Kong

書　名　　定見之外——生活日常的哲學短篇
作　者　　郭柏年
版　次　　2020 年第一版
　　　　　2024 年增訂版

目　錄

世界

增訂版序

"Everything has been said before, but since nobody listens we have to keep going back and beginning all over again."（所有事情早已言明，既然無人理會，我們只好一再從頭說起。）法國作家安德烈・紀德（André Gide）這樣提醒。話說《定見之外》增訂版的出現，實屬意料之外。事緣早前與香港牛津大學出版社副編輯總監劉偉成先生商討新書出版事宜時，席間劉兄提議替《定見之外》換上新封面（與新書《流光之中》的封面拼出一道風景），並添加附錄，以新版示人，由此希望接觸更多讀者朋友。我一直深信，每本書都有其生命周期，《定見之外》初版的結語亦曾言，此書時效註定不會太長。事實上出版至今逾三載，滄海桑田，物是人非，書中部份所思所論，大概已不再是讀者的「定見」或定見「之外」。不過轉念一想，也許就像保存舊事舊光景一般，讓文字延續下去，或仍有喚醒人心與時代見證的意義，此乃《定見之外》增訂版面世的原委。

增訂版除修正錯字外，正文並無大改動，值得留意的是附錄，刊載兩篇曾於其他園地公開的長文：〈死亡或不朽？——從威廉士對永生的判斷談起〉和〈從絕育到滅亡——略談反生育主義的哲學理據〉。死亡與反生育是本人近年關心的哲學議題，這兩篇文章算是記錄了我

的少許思考成果。前者探討永生是否值得追求，與書中〈死不足惜？〉和〈有限的生命才有意義？〉等文章相關；後一篇則闡述反生育主義的理據，對應〈但願不曾活過？〉、〈其實人生遠比你所想的痛苦？〉、〈絕育才是道德？〉、〈為何要關心下一代？〉，以及〈如果世界沒有人？〉等章節。換言之，兩篇附錄可視為此等文章的後續討論，有興趣的讀者可作參考。

最後再次感謝香港牛津大學出版社讓《定見之外》能以新面貌與讀者見面，期望拙著就算過時，仍能有助讀者反省人生種種定見，加深對自我與世界的認識。

自 序

　　"Let no one ignorant of geometry enter"（不懂幾何學者不得內進）。相傳柏拉圖的雅典學院入口處，有這樣的一句銘言。為何懂得幾何學是研讀哲學的入門條件？大概由於幾何學牽涉形狀、大小、圖形等具體形象，跟經驗世界的事物有共通的地方；另一方面，幾何學探討抽象的數理原則，與哲學所要求的抽象思維能力亦有一致之處。因此，幾何學正是從具體到抽象的橋樑，是從經驗世界逐漸進入抽象的哲學世界的門檻。不過比較之下，對寫哲學文章的人來說，我認為最難拿捏的卻是遊走於此兩者之間的第三條路：既要準確分析現實生活議題，而不淪為泛泛而談；又要恰當運用前沿和深刻的哲學理論，而不至於誤用或抽象艱澀。本書的文章，正是我在這方面的嘗試。

　　拙著取名《定見之外》，副題「生活日常的哲學短篇」，用意是從哲學角度挑戰日常生活的定見，刺激思考。全書文章皆以問句為題，意在質疑，而不給予定案，只希望以哲學解構問題的各種可能，為讀者提供更多思考方向。書名當中的「定見」是指我們習以為常、認為確定無誤的意見。由於定見未必錯誤，不宜以「偏見」或「成見」為名。「之外」意謂定見之外的其他可能觀點。不過，本書提及的想法，不一定比舊有的定見優越，因此

「超越」、「之上」等描述都不合適，是以「定見之外」應是最準確達意的名字。

本書收錄的所有文章，均曾於本人《明報》星期日生活專欄「三松閣」刊載。如果僅只是將文章集合起來，那只是堆疊，意義不大。好的文集理應有明確的主旨、清晰的結構和分類。因此在結集文章之外，本書還有以下三項新元素，分別是「修正」、「增補」與「重構」。首先，我重新潤飾了文章的遣詞用字，令文句更通順，也改正了當中資料上的錯誤，此為「修正」。再者，我替部份文章中的論證補上新論點，令其更清晰準確。同時，文章的延伸閱讀建議，亦由原定的一項增至三到四項，並於每項加入簡單說明，使讀者可以按圖索驥，自行選讀，這是「增補」。最後，「重構」是指本書以「反省定見，自我理解」為主軸，重新把廿八篇文章，按三個順序擴大的同心圓式思路，分為「個人」、「社群」與「世界」三部份串連起來。書中同時新增導論與結語，解釋各部份內容與學理上的關聯，並收首尾呼應之效。如此，則全書主題一以貫之，結構清晰。即使當初已看過文章的讀者，在此新安排下重讀，相信亦會有新的體驗和得着。

本書得以面世，必須感謝不少人士的幫助。首先感謝香港牛津大學出版社林道群先生與編輯們於成書過程的各種協助。感謝《明報》梁享南先生與黎佩芬小姐。如果當初沒有兩位邀稿，便不會有「三松閣」，本書的文章亦無從說起。感謝我的論文指導老師王啟義教授，是他教我何謂

學術與文字的應有法度。關子尹教授當初的引薦，是本書得以面世的一大推力，特此致謝。另外，本書文稿得到各方師友的寶貴意見，分別有劉保禧博士、梁卓恒博士、楊德立博士、李敬恒博士、王邦華博士、莊潤澤先生、洪志豪先生等等，在此一併致謝。

最後，父母與家貓肥四，是我得以完成此書的最有力支持，僅將此書獻給他們。

導　論

　　哲學的古訓是「認識自己」(know thyself)，不過認識自己的方法可以千差萬別。這本書談的是「定見」，即人生中各種早已習以為常、看似理所當然的論斷。我們希望透過反省生活定見，加深對自我以至人類的理解。選擇從定見入手的原因有三：首先，如果有所謂哲學的本意的話，挑戰常識定見、提出其他可能，大概是哲學最重要的任務之一。本書只是遵循自蘇格拉底以來，哲學的悠久傳統而已。再者，定見無處不在，影響深遠。例如現代社會普遍反對武力，因此在討論公民抗命時往往自限於和平抗爭，無視對抗暴政時武力手段的重要。這種想法對現實政治中社會運動的走向有巨大影響，不容忽視。最後，定見往往是文化傳統的具體呈現，因此是理解傳統價值的上佳媒介。比方說，華人傳統何以普遍相信人類比動物優越？全因他們認為人有行道德的能力，而動物沒有。這種強調道德的「人禽之辨」，正是中國文化(或曰儒家)的要點之一。是以反省定見其實有助了解那些構成我們價值觀的文化底蘊。由以上論點可見，對各種定見的反思，其實無異於重新審視構成自身價值觀、人生觀以至世界觀的組成元素，以不同角度解構自我，認識自己。

　　本書二十八篇文章，結構上分為「個人」、「社群」

與「世界」三部份，其關係相當於三個順序擴大的同心圓：由個人進展至社群、從社群再擴展到世界。我們將在每一層面上，探討相關的生活定見，提出定見之外的其他觀點，刺激思考。既是同心圓，代表三者雖內容相異，但都是以自我理解為主軸的延伸。自我當以個人生活與價值為開端。不過，人是群居生活的動物，社會文化在形塑自我的價值觀上其實舉足輕重。更進一步而言，人的反省能力亦會驅使我們從人類整體，以至抽離人類的視角審視世界。由此可見，「個人」、「社群」與「世界」三者其實是從「小我」到「大我」的不斷擴展。再者，三者的想法往往互相影響。比方說，如果你認為個人的生命其實並無意義，則很可能贊成全人類絕育。不過，三部份也沒有必然的連繫，亦可以獨立看待。例如即使你相信人類整體理應滅亡，也不一定因此支持或反對國家實行家長主義管治，反之亦然。是以讀者可按需要，順本書排序讀起，或只選相關部份閱讀。

以下將簡介「個人」、「社群」與「世界」三部份的內容：首部份先從個人生活出發，重新審視幸福與快樂的關係(〈幸福不必快樂？〉)、記憶與遺忘的重要(〈原諒我不記得忘記？〉)、愛情與性別的角力(〈愛情不問理由？〉、〈女人比較蠢？〉)、生死的考量(〈死不足惜？〉、〈但願不曾活過？〉)，以及左右人生意義的因素(〈有意義的薛西弗斯？〉、〈自殺可恥但有用？〉、〈有限的人生才有意義？〉)，最後以〈人生只是遊戲？〉一文作結，思考我們

應以怎樣的態度面對人生。

　　人是群體的動物。人生之難，往往在於人際間的張力，是以對定見的反省必然涉及「社群」的面向。此部份由慈善與運動等日常活動的性質說起（〈我們都在見死不救？〉、〈運動也是哲學？〉），進而探討一些社會現象背後的道德考慮（〈不平等的平等？〉、〈道德勒索的悖論？〉）。在現代的群體生活中，國家的影響愈來愈大，因此我們亦必須思考國家政治與人民的關係，例如管治模式的好壞（〈家長主義有何不妥？〉）、反抗不義政權的手段（〈武力抗爭也是義務？〉），甚至於「國家」這種體制中的一些基本設置是否恰當（〈國界應否開放？〉）。

　　另一方面，人類的生活從來離不開動物，要反思完整的人類社群生活，動物無疑是不可或缺的一環。人類一直與各種馴化動物互惠共存，可是人與動物之間的感情到底有多真實？（〈馴化的假愛？〉）對動物而言，成為寵物的命運又是否如一般所想的美好？（〈寵物的悲劇？〉）即使閣下沒有寵物，生活恐怕依舊擺脫不了動物的影響——動物作為食物。我們是否應該停止食用動物？還是素食主義只是虛偽的主張？（〈虛偽的素食者？〉）最後，不管人類把動物當寵物還是食物，背後的基本預設都是人類比動物優越的想法，在〈人類憑什麼？〉一文中我嘗試反駁此定見，作為本部份的終結。

　　從社群繼續擴展，跳出特定社會與文化的框框，我們將進入世界的部份。於此我們關注的不是客觀世界本身，

例如相關的物理定律，而是「人文世界」：人類文明整體與世界未來的宏觀處境。外在世界與我們的關係為何？（〈信則有不信則無？〉）世界資源有限，削減人口真的是最好的解困之道？（〈薩諾斯沒有做錯？〉）人生於世，是否苦多於樂？（〈其實人生遠比你所想的痛苦？〉）以上問題的答案將直接左右我們如何看待人類的未來。如果人生苦多於樂，是否應該拒絕生育，以免令下一代受苦，哪怕人類就此滅絕？還是仍有續存的理由？（〈絕育才是道德？〉、〈為何要關心下一代？〉）最後，作為本部份以至全書的總結，我們再進一步，嘗試脫離人類中心的視野，重新探索兩個關於世界未來的普遍定見：世界正變得愈來愈好（〈世界正變得更好嗎？〉）與沒有人類的世界是不可接受的（〈如果世界沒有人？〉）。

本書所有文章皆附設延伸閱讀清單，每篇三到四項推薦不等，亦會簡單說明項目的內容。清單第一項是基本的討論與參考材料，其餘則為延伸文獻，按姓名字母順序排列。推薦文章以哲學專書或論文為主，偶爾會有社會學、文化研究、心理學或文學方面的建議。語言方面則以英文資料為主。讀者可按興趣與能力選讀。

個人

幸福不必快樂？

　　對很多人來說，人生的最重要目標就是快樂。聯合國自2012年起有所謂「世界快樂報告」（World Happiness Report），從人民的快樂程度衡量國家的好壞，足證快樂的地位。可是快樂真的是人生最重要之事嗎？有些哲學家說，人生應該追求的不是「快樂」，而是「幸福」；不過幸福的人生，卻不一定需要快樂。到底這是什麼意思？下文將會就快樂和幸福兩者，做些簡單的概念分析。

　　按心理學的一般說法，快樂是主觀的精神狀態，屬於正面而使人愉悅滿足的情緒和感受。令人快樂的事情可以因人而異，例如有些人看球賽會覺得快樂，另一些人則在美食中找到滿足，但以上對快樂的定義卻大致為人所接受。反之，幸福的定義卻不是那麼明確。方才提及的世界快樂報告，其中「happiness」一詞，一般指「快樂」，但亦可指「幸福」（well-being），近於希臘文的「eudaimonia」，意思大概是「美好而且值得追求的人生」。可是具體而言，怎樣的人生才算是美好而且值得追求？哲學家亞里士多德（Aristotle）在其經典《尼各馬科倫理學》（Nicomachean Ethics）就認為，只有人們運用實踐理性，達致德性與自我實現時，才算得上幸福。不過我們大可不必認同亞里士多德的具體主張，而只取其形式定義。如此下來，問題就變成：

快樂的人生就是美好而且值得追求的嗎？

　　要回答上述疑問，可以試從以下兩個問題開始思索。首先，問題A：你認為單純快樂的人生是否足以保證是值得追求的人生，即快樂是否幸福的充分條件？相信不少讀者會傾向贊成。畢竟我們日常生活中各種活動的目標都是快樂，但讓我借用一些思想實驗挑戰這種想法。設想有一裝置程式，只要把一小晶片貼於後頸，再連接上閣下的手機，那麼當你按一下手機按鈕時，晶片就會刺激大腦，令你感到非常快樂，往後遇到什麼不如意事情，只要按一下就可回復好心情。假設小明裝上此程式，每天就是不停地按，過着快樂的人生，你會認為他的人生美好而值得追求（幸福）嗎？你會裝上這個程式嗎？我有很多朋友都對此猶豫。他們的回應是，快樂固然是人所追求的好東西，但這種人生雖然快樂，卻似乎是種無意義、欠缺目標的生活，不值得追求。如果你認同這說法，是否代表你同意快樂不一定幸福？

　　接着考慮問題B：不快樂的人生是否仍然可能幸福，即快樂是否幸福的必要條件？一般來說這似乎難以想像，但假設某些革命義士為了推翻暴政，散盡家財，妻離子散，甚至目睹革命同伴受苦而無能為力。這種人生無疑並不快樂，甚至身心方面都是異常痛苦的。不過至少就當事人來說，卻認為這是值得追求的人生，即使人生推倒重來，選擇始終如一。其中可能的解釋是，他們看重的是人生中高尚奮鬥的目標，例如成就民主公義，快樂與否根本不在考

慮之列。我們當然不必認同這種選擇，但或許可以換一個方向思考，你認為上述快樂裝置與革命義士的人生，何者比較快樂？何者比較幸福？我相信沒人會反對快樂裝置的人生更快樂，但它相比後者，會是更美好而值得追求的嗎？答案似乎沒那麼明確。如果你也有這種猶疑，是否代表你同意幸福不必快樂？

讀者大可不必同意方才的例子，但請先回答上述兩條問題，理論上有四種可能的回應組合，以下將逐一說明，大家可自行對號入座：

第一，如果你對問題A和B的回應皆為是，那就意味你認為快樂是幸福人生的充分而非必要條件。換言之，只要快樂就一定是值得追求的人生。不過由於快樂並非必要條件，所以即使不快樂，仍可能由其他途徑達致幸福。

其二，假設你對問題A和B的回應皆為否，你就是認為快樂是幸福人生的必要但非充分條件。你認為快樂是幸福人生不可或缺的元素，但單單快樂的人生並不等於幸福，還需要其他條件配合才可。至於還有什麼其他條件，稍後將再討論。

其三，倘若你對問題A的回應為是，而B為否，則代表快樂是幸福人生的充分並且必要條件，也就是說快樂與幸福兩者並無二致，快樂必然幸福，不快樂則不可能幸福。

最後，假如你對問題A的回應為否，而B為是，那就等於你認為快樂是幸福人生的既不充分亦非必要條件。於此快樂與幸福並無必然關係，快樂或許對追求幸福有幫助，

但快樂不保證幸福，不快樂也仍有可能幸福。

在我而言，以上四種選擇都有可議之處，而就我觀察，大部份人的選擇都是第二與第三種，其中又以前者為數最多。篇幅所限，就讓我們集中討論第二類，即快樂是幸福人生的必要但非充分條件。換言之，幸福人生必須是快樂的，但僅僅快樂並不足夠。那麼除此之外，還要加上什麼才能幸福？我相信這是人生最大的難題之一，坦白說，答案並無定論。不過我猜想愛情、事業、健康等等都是合理的答覆，此外亦有一些實證研究可供參考。早前哈佛大學醫學院臨床精神病學教授威丁格（Robert Waldinge）曾公佈一個為期七十五年的研究，從1938年開始追蹤724位成人，每年研究團隊都會詢問研究對象的工作、生活、健康等狀況。結果顯示，良好的人際關係能令人快樂與健康，甚至更長壽。簡言之，美好人生其實是建立在良好關係之上。不過，雖然這個研究有其道理，我們仍可以提出更多其他的可能條件，但必須指出，不管提議若何，背後的理由會是什麼呢？如果你說是良好的人際關係或事業，但原因是其令人快樂的話，那麼這根本就不是快樂之外的條件，仍然沒有逃出快樂至上的思維。另一方面，如果你提出的條件的確與快樂無關，那麼它又為什麼是值得追求、使人幸福？這個問題其實並不容易回答。

不容否認，世上有很多東西是有價值但令人痛苦，也有很多活動是快樂卻毫無意義的。這是否代表快樂的人生不等如幸福？或是幸福的人生不必快樂？上文的分析不旨

在提供答案，只希望能幫助大家釐清自己的想法，因為人
生的走向，大概就在當中的選擇。

延伸閱讀

Aristotle. *Nicomachean Ethics.* Translated by Terence Irwin, Hackett Publishing Company, Inc, 1999. (西方倫理學經典，以德性與理性定義幸福人生)

Haybron, Daniel. *Happiness, A Very Short Introduction.* Oxford University Press, 2013. (介紹何謂幸福的哲學入門書，特點是簡短清晰)

Waldinger, Robert. "What make a good life? Lessons from the longest study on happiness." *Ted Talks*, 23 Dec 2015. (關於幸福人生的經典心理學研究，Ted演講)

原諒我不記得忘記？

　　不少朋友常常悔恨自己記性不好，恨不得成為那些博聞強記的人。其實能夠過目不忘的人生到底是怎樣的一回事？遺忘於人生是否無用？下文會嘗試從一些現實例子出發，討論記憶與遺忘的相關課題。

　　翻查資料，現實中確有過目不忘的案例：醫學上稱之為「超常自傳式記憶」（Highly Superior Autobiographical Memory, HSAM），又稱為「超憶症」（Hyperthymesia）。超憶症者擁有異於常人的自傳式記憶力，清楚記得與自己相關的每個生活細節。例如能記得自己某年某日遇到了什麼人、做過什麼事、吃過什麼，影像清晰，鉅細無遺。再者，他們也能夠一字不差背出自己曾讀過的書，看過的戲。初看起來，這種能力似乎是種恩賜，但其實情況比想像中複雜。首先，超憶能力並不如想像的有用，它雖然令你記得所有事情，但記憶不等於理解，超憶症者的推理和語言能力並不一定出色，記錄顯示他們的學業成績大多只屬一般。更麻煩的是，超憶症者沒有選擇記憶的能力，不能自主地選擇記得或不記得什麼，而且總是時常不由自主地想起往事。根據記載，他們描述自己的生活就像是觀看分割為兩邊的大銀幕，現在與過去的影像往往同時顯現，令他們分不清身處何時何地，精神難以集中，結果是生活

大受影響，也常常做噩夢甚至失眠，情緒備受困擾。

很多人都有重視悲傷的事情多於快樂的傾向，如果是超憶症者的話，情況將雪上加霜。超憶症者記得過往所有的歡樂時光，但經歷過的痛苦又時常湧現，折磨自己。美劇《怪醫豪斯》(*House*)其中一集 "You Must Remember This" 正是探討這個問題。劇中的女超憶症者由於記得從兒時開始姊姊所有對她說過的話，做過的事，得出姊姊欺負自己比善待自己要多的結論，致使關係破裂。即使其姊最後捐出腎臟救了自己一命，按理應足以抵償其犯過的錯，女主角還是沒辦法忘記(其實重點是放下)那些負面的記憶，原諒其姊。由此可見，過目不忘的能力很可能只是種記憶和情緒負擔。其實，遺忘也許有其必要：從認知層面論，大腦記憶有限，總需要刪除沒用的資料，以騰出空間記載新事物。從情緒角度看，遺忘傷痛是重要的心理自我保護機制，確保人生不會被往事拖垮。

當然，羨慕博聞強記的朋友會說，他們要的不是強迫症一般的記憶，而是能自主選擇記憶，又能過目不忘的能力。問題是除叮噹的法寶記憶麵包外，現實上還沒有這樣的例子。而且根據我粗淺的認識和觀察，記憶這回事其實並不完全受控，我們都有以下的經驗：不想記得某件往事卻又時常想起；希望記住某些資訊卻總是忘記。再仔細分析，當中有一種現象，我稱之為記憶與遺忘的不對稱性：人可以盡力做些事情令自己記住某事，例如寫備忘，或囑咐別人提醒自己，卻似乎難以做些什麼令自己忘記(除非靠

藥物或損害大腦）。因為愈企圖做些什麼令自己忘記，往往愈會記起。我記得當年看過一套日劇，當中有一幕是這樣的：女主角失戀後，為了提醒自己忘掉前度，決定於月曆上做記號。如果自己當天沒想起他的話，就在月曆上的那天畫個交叉。一個月後，女主角看到整個月曆滿佈交叉，可是她卻哭了。因為她發現滿佈交叉的月曆代表其努力最終不過適得其反，她從來沒有忘記。

雖然記憶與遺忘並不完全自主，但我們往往又同時認為兩者有其責任可言。這種想法其實值得細問：如果記憶不由自主，則理論上難言責任，因為我們不應為不受自己控制的事情負責。可是日常生活不少例子顯示，即使記憶不完全自主，還是可以與責任有關的。比方說，如果你忘掉了與朋友前途攸關的重要承諾，那大概不是一句善忘就可推說過去的；再者我們都會同意，父母有責任緊記年幼子女的病歷，否則就是疏忽照顧。這些都是平凡而真實的個體例子。從整體而言，人類也有集體的記憶責任，哪怕自己其實不直接涉及其中。此中最常被提到的例子莫過於納粹黨對猶太人的暴行。前事不忘，後事之師，除了當年的受害者，世人亦有責任緊記這樁歷史教訓，以免重蹈覆轍。為什麼暴政總企圖篡改歷史？因為他們害怕的就是民心，而民心最終就是記憶。可見小至個人倫理關係，大至家國歷史，記憶都有其道德可言。那麼守護記憶，盡力念記，往往就是一種迎難而上的意志，一種對真相和責任的執著。

如果記憶可以是種責任，那麼遺忘又如何？在某些特定的情況下，遺忘的確可以是種責任。假若你意外地得悉工作同事的私人家庭資訊，大概我們都會同意你應該忘掉它，這種例子沒太大爭議，不需多談。我感興趣的是近年關於被遺忘權(right to be forgotten)的討論。簡言之，被遺忘權意即公民有權利要求移除自己負面或過時的個人身份資訊，不公開展示。倘若被遺忘權成立，我們就似乎有相應的責任遺忘相關資訊。因為權利和責任很多時候是雙生概念，當某人有權利做某件事，旁人就有責任不阻止，甚至協助他完成某事。順應這種想法，我們可以更易明白遺忘責任的具體應用。例如多年前的陳冠希事件，那些無辜受牽連，私人照片被曝光的明星，似乎不僅有權要求大眾刪除相關相片，按理更可進一步推論大眾有責任要忘記這些資訊(能否做到是後話，不影響這是否責任)。又或是早前的呂麗瑤事件，如果受害者希望忘記傷痛經歷，我們又是否可以無視她遺忘(和被遺忘)的權利，要求她舊事重提，公開資訊？還是大眾有責任與她共同遺忘？但遺忘此事又會否令公義不彰？我對此還沒有明確的答案，但深信被遺忘權必須於考慮中佔一重要位置。

　　梁文道在〈我們守護記憶，直至最後一人〉一文中說，記住或者遺忘一件事，有時候是種道德抉擇，我深表認同。不論記憶或遺忘，往往都是一種意志。有些回憶，需要守護；有些往事，最好忘記。人生之難，就在當中的取捨。

延伸閱讀

Bernecker, Sven and Kourken Michaelian edited. *The Routledge Handbook of Philosophy of Memory*. Routledge: Taylor & Francis, 2017. (關於記憶的哲學論文集，題材包羅萬有)

Finkelstein, Shari. "Understanding the gift of endless memory." *60 Minutes*. CBS Interactive. 2 December 2011. (探討超憶症人士的紀錄短片，包括患者訪問，科學家的分析等等，內容全面)

梁文道：〈我們守護記憶，直至最後一人〉，香港獨立媒體網，2009年6月5日。(雖為時事評論，但以六四事件為例談到記憶的責任問題，見解深刻)

愛情不問理由？

　　有人說，人們對愛情的一大幻想，就是以為自己可以選擇要愛誰。愛上一個人，從來不講理由，不由自主；但另一方面，很多人的愛情其實卻是條件計算下的結果，並無任何神秘之處。到底愛情是否不問理由？還是條件選擇？以下會對這兩種想法提出疑問，刺激思考。

　　先劃清問題，下文所說的只限於狹義下的愛情——「浪漫愛」（romantic love），友情、親情或自戀等廣義下的愛都不在討論之列。再者，我們只討論愛情開始的原因，之後的過程，例如相處的方法；又或感情終結與分手緣由等等，一概未能處理。簡言之，本文只探究以下問題：到底我們因何愛上一個人？如文章開首所言，主流意見大概可分為兩派，姑且稱之為「條件論」與「神秘論」。

　　條件論者認為，我們之所以會愛上別人，其實是愛上對方擁有的那些明確的、美好的特質。當中指的不限於有形的條件，例如財富和漂亮的外表；亦包括精神特質，就像善良的性格，甚至於一般人常說的「對我好」或「能和我好好相處」這些行為特徵等等。條件論似乎很符合大部份人的愛情觀與實際操作：愛情的出現源於被對方的美善特質所吸引，就像柏拉圖（Plato）的《會飲篇》（*Symposium*）中蘇格拉底（Socrates）所言，愛就是對擁有美善的追求。因

此現實上那些具備各種優厚特質的人自然受人愛慕，條件不佳的則無人問津。

話雖如此，但讓我們從以下的思想實驗反省條件論的問題：試把閣下的擇偶條件列出清單（為方便討論姑且簡化為溫柔、聰明與長髮三項特質），將之張貼於時代廣場公開應徵，符合條件的人大概不下數萬。由此可引申數個值得仔細思考的問題：第一，條件論者會否愛上所有符合條件的人？如果不會的話原因為何？其中一種可能的答覆是我們有所謂「真愛不可能同時多於一人」（也許可以多至兩、三人，但似乎不會是數萬人？）的信念，但這似乎與條件論者的立場衝突，因為哪怕閣下的擇偶條件有多嚴苛，符合者總有可能多於一個。其次，假設你已有一位符合條件，同時感情穩定的伴侶，但如果在是次應徵中給你遇上更溫柔聰明，頭髮更長的人，真正的條件論者理應移情別戀才對，畢竟他們真正所愛的是對方身上的美善而已。不過我猜想很多條件論者也不會如此，甚至會譴責移情別戀的人，那又應如何解釋？最後，人們其實有可能愛上完全不符合自己擇偶條件的人。於此我並不是指那些對自己的認知不足，誤以為自己喜歡溫柔、聰明與長髮，但接觸過豪邁的短髮女生後才認清自己所好的情況，而是愛上一個真正不符合心中條件，甚至盲目地愛上自己所討厭的特質的人的可能。例如你一向最討厭野蠻與不孝的人，卻竟然愛上了虐待父母的賤男，不能自拔。條件論者於此大概亦難以說明這種自我推翻的愛情現象。總而言之，從以上的提

問可見，除了明確的特質條件之外，彷彿還有一些不明確的神秘因素左右着我們的情愛選擇。說愛情只是對美善的追求，看來並未能夠完全解釋我們因何而愛。

神秘論者正正是反對條件論的浪漫主義者，相信愛上一個人其實不問條件，沒有理由。就如方才的思想實驗所示，我們可能遇到一個漂亮而善良、無可挑剔的人，但就是不愛。反倒是充滿缺點的壞人，卻不知為何深深受其吸引。面對此等條件論解釋不了的現象，神秘論者認為只能歸因於某些神秘的，不為人們所控制的因素決定我們的愛情(而不是沒有原因)。這種「愛情其實不由自主」的想法，支持者不在少數。具體而言，他們往往會提出兩種解釋，分別是「感覺」和「緣份」。首先分析「感覺」這概念。人們常說，愛上一個人與否，最終取決於對方有沒有令自己產生一種「恍如觸電的異樣感覺」，而這種感覺與具體的個人特質無關，是不能解釋的神秘體驗，所以即使條件再差的人也可能吸引別人，可是這種講法很值得懷疑。如果認真反省周遭的真實情況，便會發現所謂的「感覺」，很多時候不過是一些個人特質所引發的結果，並無任何神秘之處。撫心自問，為什麼人們往往只對漂亮聰明的人有「感覺」，卻對樣貌性格惡劣的人無感？ 如果你相信演化生物學的那一套，「感覺」其實就是人類物種演化而來的心理機制，鼓勵我們追逐條件優秀的對象，藉而增加繁衍的成功率，所以「感覺」其實極可能只是條件的偽裝而已。

「緣份」是另一神秘論者的慣調。「緣」本為佛家用

語，指人與其他存在之間無形的連結，相遇的可能，而「緣份」所指的就是緣的份量輕重。但現在一般人於愛情上說的「緣份」，意思已經變得相當混雜。有時候它似乎單純意指遇上一個人的機率，但更多人認為它是一種「儘管機率再低，仍然註定於人海中遇上獨一無二的你」的神秘力量。即使先不論這種神秘緣份是否真的存在，但問題在於有什麼方法找出那註定的有緣人？還是只能呆着等？進一步而言，又如何確定對方真的是那個註定的唯一？有沒有可能所謂的緣份，最後只是正當化自身選擇的辯解？相較於條件論，「緣份」似乎只是神秘論者拋出的另一個更需要解釋的名詞，並沒有真正解釋我們因何而愛。

至此我們陷入了兩難。一方面，條件論與神秘論分別捕捉了我們對愛情的部份直覺，但又各自有其困難。更有趣的是兩者雖然看來互相排斥，卻似乎都需要對方補充解釋。例如條件論未能說明不按條件的愛情選擇，此正是愛情的不確定與神秘之處；神秘論者口中不由自主的感覺，又其實很可能是條件的偽裝。換言之，到最後接受或放棄任何一方，都不足以完全解釋我們因何而愛。那麼如何是好？以下是其他可能。首先，可不可以同時接受兩者，採取愛情既論條件，亦靠感覺的進路？個人認為這種立場只會產生更多問題，難以持守。比方說，面對有感覺但條件差的對象與條件好卻沒感覺的人時，應該如何取捨？最終大概只能回到條件論與神秘論其中一方而已。而另一可能出路就是乾脆放棄兩者，例如有論者認為，讓我們墜入愛

河的其實不是什麼條件或神秘感覺，而是「想像力」。我們在愛慕的對象身上罩上種種的慾望和希冀，這些其實和對象本身一點關係也沒有，不過是個人虛構的心理投射。以上各種想法，答案到底如何？坦白說我不知道。

方才的討論或許未能對人們因何而愛有完整的答覆，但希望可以令大家了解愛情現象的那種游離在確定與不確定，講理與不講理之間的複雜張力。其實世上有些事情就是不確定，甚至是徒勞的。或許正如社會學家貝克(Ulrich Beck)在《愛情的正常性混亂》(*The Normal Chaos of Love*)一書所言，混亂，才是現代愛情的常態。

延伸閱讀

Plato. *Symposium*. Translated by Robin Waterfield, Oxford University Press, 2009. (討論愛情的最重要西方哲學經典)

Beck, Ulrich. *The Normal Chaos of Love*. Polity Press, 1995. (論證現代社會結構必定導致愛情關係變得脆弱而混亂，深入仔細的社會學論著)

De Botton, Alain. *Essays in Love*. Picador, 2006. (愛情哲學小說。故事以第一身的角度敘述一段愛情的開始、過程與終結，有趣而深刻)

May, Simon. *Love: A History*. Yale University Press, 2011. (闡述西方文化中「愛情」觀念的歷史演變，清晰扼要的入門之作)

女人比較蠢？

在講求政治正確的今天，說女人比男人蠢，下場大概只有萬箭穿心。可是平心而論，社會上相信的人仍不在少數，例如早年就有哲學家斯杜夫(David Stove)以身犯險，寫下 "The Intellectual Capacity of Women" 一文，企圖證明女性的智能比男性低。以下將簡述其論點並稍作回應，反思兩性關係。

有別於主流的兩性智力平等論(簡稱平等論)，斯杜夫深信有足夠證據支持女性的智能整體而言比男性低。於此必須先說明這說法的具體意思。首先他並不是說世上所有女人的智力都低於男人，因為此說明顯與事實不符。現代社會各行各業中，當然不乏表現出色，勝過不少男士的女性，斯杜夫完全承認這一點，卻認為這些只是個別例子。他確信無論在任何領域，即使有再多傑出的女性，定能找到更多同樣(甚至更)優勝的男性。因此從整體而言，女性的智能始終比男性低。再者，所謂智能(intellectual capacity)，其實是指先天上的潛在能力之意，而不是實際表現。

那麼，說女人比男人蠢，理據何在？斯杜夫的基本原則只有一個：「實際表現代表潛在能力」。表現是判斷潛能的最佳指標，甚至是唯一指標。除非科學研究進步到可以

直接觀察人腦的內在能力，否則暫時要知道某人或某物種是否具有某潛能X，最合理的方法就是觀察他們實際上能否表現出X。反之，如果你說有某種潛能，但卻從沒能表現出來，就有理由懷疑其真偽。觀乎人類歷史，整體而言女性的智能表現一直都比男性差勁，是以女人比較蠢應該是合理的結論。

斯杜夫於文中用了一個類比論證申論以上觀點。設想我們想知道某硬幣是否鑄造得平均，但你不能直接對它做任何的物理測試，那麼唯一的方法就是不斷投擲，看看整體結果是「公」還是「字」較多，從而判斷它的平均性。為了令實驗有說服力，以下是一些必要措施：首先投擲次數必須夠多（例如1,000次，看看結果是否各佔500次）。其次必須盡力消除其他影響因素，例如應找不同的人、於不同時段，不同地方投擲，以增加多樣性。如果基於上述措施，結果公與字的次數比率是594:406的話，就必須承認此硬幣不夠平均，稍為傾向公的一面。若有人仍堅持硬幣其實是平均的，只是有其他因素影響，雖然這於邏輯上仍舊可能，但明顯是無視現有證據的不理性想法。同樣道理，女性智能這個實驗已經做上千百年，並且於不同文化、社會與國家中上演。女性亦早已擔當過醫生、律師、科學家以至政治家等不同角色，幾可肯定是人類歷史上次數最多，情境與範圍最為多樣的實驗，但整體結果仍比較一致：就是男性的表現依舊高於女性。由於「實際表現代表潛在能力」，看來女人比較蠢應該是唯一的結論。

即使承認「實際表現代表潛在能力」，但不能不察的是女性長久以來受到男性壓迫的現實。例如缺乏教育機會，社會不容許或不鼓勵女性工作，職場上受歧視等等。因此女性的表現較差，也許與潛在能力無關，不過是打壓下的結果。對此斯杜夫反問，如果千百年來女性受到男性壓迫都未能成功反抗，不就正好證明女性的智能要比男性弱嗎？否則何以千百年來都想不出制衡方法？

　　為什麼女人比較蠢？斯杜夫提出一套演化生物學的解釋。所有物種的生物能量都是有限的，所以能力發展必須有所取捨。原始社會人類男性要出外打獵，以命相搏，對智能與體能的要求極高，自然會演化出更佳的能力。而女性負責生育與照顧小孩，這些工作不要求高度的智能，此消彼長之下，最終兩性發展出不一樣的能力傾向。所以女人比較蠢其實是生物演化使然。

　　我們該如何回應上述論點？對於「實際表現代表潛在能力」，誠如另一哲學家特希曼（Jenny Teichman）於 "The Intellectual Capacity of David Stove" 一文所言，我們可以從表現推出相關潛能，比方說你懂得寫作的話必然代表你有語言能力，可是反之不然。就算現實上寫不出好文章，也不必然等於我沒有寫作潛能，因為正如方才所言，潛能可受各種現實因素影響而未能發展。其實斯杜夫亦於文中承認這不是必然的結論，而只聲稱這是根據已有證據下最合理的歸納推論。坦白說問題正出於「已有證據」這一點。讓我們先退一步，假設如他所言現在男性的表現依舊高於女

性，但同樣無可否認的是近百年來女性的表現的確進步甚大，為什麼？因為社會上對女性的壓迫正逐步減少，她們多了機會發展和實現潛能。這種對應關係似乎說明了以往女性的惡劣表現其實並非智能較低之故，而只是壓迫下的產物。

另一方面，特希曼亦指出硬幣投擲其實是個不當類比。人類社會的影響因素遠比硬幣投擲複雜千萬倍。前者涉及文化、政治、經濟、宗教、心理等條件，環環相扣，無法做有效的控制實驗（control experiment）清楚確定因果。反之，硬幣投擲基本上只是受力度、方向與氣流等物理條件左右，影響因素較少，控制實驗大致可行。由此觀之，兩種情況相異之處太多太廣，根本無法做有意義的比較。

對於演化生物學的解釋，我認為值得質疑的是他對智能的理解似乎過於狹窄。男性打獵當然要求應變力與策略等傳統定義下的智能，不過生育與照顧小孩其實亦需要相當的觀察力與判斷力。例如留心嬰孩的身心狀態（畢竟嬰孩不能直接表達有什麼不適），從而做適當的照顧；也必須具備良好的溝通與教育能力。如果我們承認這些都是智能的一部份的話，按演化生物學的解釋，最合理的結論其實不應是「女性智能比男性差」，而是「兩性發展出不同面向的智能」才對。

雖然斯杜夫的論點不見得很好，他於文中對男女平等這種社會風潮的批評卻絕對值得一提。他堅持縱使近年來不斷有心理學家與教育學家提出實驗證明平等論，但這些

結果其實不能作準，因為在講求政治正確的今天，此等報告大概都只會印證，而非否定平等論，即使有任何反對證據都會被自我審查而不敢發表。這種描述或許誇大，但無可否認道出了近年社會上一股矯枉過正的現象，那就是平等論似乎成為了不可侵犯的道德高地，所有質疑它的都是立心不良的性別歧視者。可是我們既然大多不會否認男女先天上體能的差距，為什麼不能夠接受先天上智能的高下？有什麼理據可以百份百確定男女智能必定平等？似乎沒有。再細心一想，就算不同意平等論，也有兩種可能：男性智能較女性優越，或女性智能比男的優勝。如果結論為後者，社會的反應又會如何？我們到底是證據為本，還是立場先行？如果平等論最終只是一種不問證據的信仰，則它與平等論者口中那些不講證據，盲目堅信男性智能定必比女性優勝的性別歧視者又有什麼區別？

　　女性是否比較蠢？或許這的確是過時的偏見，但不見得因而沒有討論價值。於此我必須借用穆爾（J.S.Mill）在《論自由》（*On Liberty*）中的想法作結：沒有人能確定自己不會犯錯，而即使有理由相信自己掌握真相，但如果不與其他（那怕是錯誤的）觀點交鋒，也就沒機會反省自己的理據，真理最終只會淪為盲從的教條。

延伸閱讀

Stove, David. "The Intellectual Capacity of Women." *Cricket versus Republicanism*, edited by James Franklin and R. J. Stove, Sydney: Quaker's Hill Press, 1995, pp. 27–45.（少數嘗試以科學方法論證女性智能較男性低的哲學論文，立論大膽新穎）

De Beauvoir, Simone. *The Second Sex*. Translated and edited by H.M.Parshley. Jonathan Cape, 1953.（奠定女性主義研究的哲學經典，關心兩性問題的必讀之作）

Teichman, Jenny. "The Intellectual Capacity of David Stove." *Philosophy* Vol. 76, No. 295 (Jan., 2001), pp. 149–157.（反駁斯杜夫於 "The Intellectual Capacity of Women" 一文的論點，回應仔細，建議與斯杜夫的原文對讀）

死不足惜？

　　追求永生，逃避死亡是自古以來人類的宿願。神話宗教歷來多有關於永生或死後世界的設定，基調都不外是希望以另一種形式把生命永遠延續下去。可是其實死亡有什麼不好？永生是否真的值得追求？當中涉及很多有趣的課題，值得仔細思考。

　　為什麼永生值得追求？最直接和普遍的想法是，因為生命中有很多美好的東西，例如肉體上的快樂和精神上的滿足，而死亡是永遠的結束，剝奪我們繼續享受這些美善的可能，因此死亡是壞事，而永生則令我們保有實現美善的可能，是以值得追求，此想法哲學上稱為剝奪理論（deprivation account）。剝奪理論明顯是從死亡的壞處反證永生的好，但想深一層，剝奪理論邏輯上不能必然證明死亡是壞事。原因十分簡單，其成立的前提是假設了生命中有所謂美好的事情，或是美好的比壞的要多，因此生命是有價值的，死亡才因而不好，但這兩個前提不一定成立。可以想像某人的生命已經苦多於樂，甚至再不可能有美好的事發生（例如末期病患者），如此生存下去其實是痛苦而不可欲，死亡反而是解除痛苦的美事。

　　進一步而言，死亡與其說是剝奪實現價值的機會，不如說是令其不致變質的關鍵。哲學家威廉士（Bernard

Williams）在 "The Makropulos Case: Reflections on the Tedium of Immortality" 一文指出，再美好的事情，置放於永恆時間之下，最終都只會變得沉悶而毫無意義，唯有在其變質前結束，事物才有價值。假設你認為生命中最美妙的東西就是踢足球，能夠每周踢上一兩場比賽就樂不可支。不過當你踢個五十年，相信你對足球的熱情都會消磨殆盡（如果五十年不行就想像五百年，反正現在談的是永遠）。也就是說，任何你喜歡的事情，只要時間足夠地長，終有厭倦的一天。當然，沒有人會終其一生都只喜愛單一的人，做單一的事，而是可以不停轉換，但這種回覆恐怕無補於事。就算有再多的興趣或活動，又假設每項能頂上三五百年，面對永恆的時間，最終都只會由倦生厭。由此看來，永生其實是壞事，因為它會摧毀所有價值，令所有活動變得不再值得追求，不再有意義。永生的結局因此最終只有一個：無意義和目的地永遠存在。

關於永生與價值的關係，哲學家納斯邦（Martha C. Nussbaum）的文章 "Transcending Humanity" 有一有趣的想法可供參考。她認為凡人的生命不一定比永生不死的神祇差，因為我們可以擁有一些他們不可能達到的美善價值。比方說勇敢是公認的美德，但何謂勇敢？最基本的答案就是不怕危險，而最大的危險莫過於損失生命。可是不死的人並無生命危險可言（當然仍可能受傷），只有在死亡的威脅下仍一往無前，才是人類勇敢光輝的最極致展現，此乃不死者不可能達到的境界。同理，最偉大的愛就是為所愛

的人犧牲生命而無悔，明顯此亦只可能發生於會死的凡人身上。簡言之，在永生的情況下，一些人類的最崇高美德都不復可能，在此意義上，永生不見得比平凡生命更有價值。

方才說的都是價值層面的考慮，讓我們貼地一些，轉而考慮永生的現實情況，看看結果會否不同。首先要考慮的當然是生存質素，如果永生但仍會不斷衰老，最後身體虛弱地永遠活着，自然是生不如死。倒不如假設將來科技發展成人類可以永生不死，而且一直健康，情況又會如何？這就要分別從個人或人類整體兩方面來考慮。

第一個可能是自己獨個永生而其他人仍然會死。這亦大概是很多朋友考慮是否擁有永生時的假設。我有朋友嘗言，獨個永生代表他能無限累積知識和經驗，與常人比拼時便能贏在起跑線；又不必再受老病之苦，免除很多生活壓力，何樂而不為？他說的雖有道理，但事情可沒這麼簡單。獨個永生的狀態令我想起一套舊電影《時空英豪》（*Highlander*），主角正是永生不老的古民族遺民，獨個永生令他只能不斷重複目睹自己的朋友和愛人離去，還要每隔數十年便轉換身份，免得被正常人發現，最後因害怕於生死離別的循環中打轉而不敢與任何人深交。我想知道，有多少人能抵得住這種孤獨？

換個角度，從人類整體處境設想，所有人都獲得永生，情況又會如何？如此我們就能和所愛之人永遠一起，獨自永生的悲哀似乎不復存在。可惜，我猜想情況不但不

會好轉，甚至會變得更差。全人類永生的最直接後果是人口有增無減，因此資源和空間問題便是第一考慮。當人口只增不減，糧食必然不足。誠然，倘若人已能不死，餓死亦不可能，但食物也許會從必需品變為奢侈品，只有少數人可享用，對很多人來說，人生的快樂選項又少一樣。再者，不死的人也需要活動和私人空間，可是地球絕不可能容納那麼多人類，屆時土地問題就不再是香港人的專利，而是全球共業。極度擠壓的空間會令人心理不安，也容易與其他人磨擦，罪案增加，令社會不穩，最後大概以人類互相攻訐，擠爆地球的下場謝幕。

　　不過，資源和空間問題理應可從禁止或降低生育解決（能否確實執行則是後話）。即使如此，一些社會倫理問題仍等着我們面對。首先，人們將如何渡過永恆的餘生？有沒有無限的工作或興趣供人們寄託其中？而當每個人都面對自己的父母愛人朋友千萬年後，關係還可以保持？這些都是極嚴重的「人生意義」問題。另一危機是社會結構的大幅改變。就如哈拉瑞（Yuval Noah Harari）於《人類大命運》（*Homo Deus: A Brief History of Tomorrow*）書中所言，我們或許不用再擔心勞動力不足，因為有無限的時間完成工作，但階級流動是否可能？世代之爭似乎只會有增無減？想像那些名符其實的「不死老鬼」永不退位，萬年新人（已不能用老人或年輕人形容，永生下年齡已無甚意義）如何自處？由此引申，到底社會或政府權力會如何交接？極端點說，我們堅信暴政必亡，其中一項根據就是再邪惡的人總

有一死，這是大自然最終極的權力平衡機制。現在壞人不死，武力暗殺，甚至皇天擊殺也變得不再可能，則暴政千秋萬世的機會又高幾分。每念及此，我就不想再活了。

　　無可否認，上述不過是永生問題的冰山一角，亦終究只是我的臆測，而且限定於全有或全無 (all or nothing) 的情況：只有會死或不可能死兩種可能。如果我們一方面可永生不老，但同時又能夠隨時結束生命，情況應不致如斯悲觀。這正正顯示出問題的關鍵：全人類永生 (而且不可能死) 大抵不是好事，只有在生命有所終結時，世界、人倫、價值的平衡才得以保持。我猜想大部份想要永生的人可能只是沒想得仔細，他們其實並非真不想死，只是不想這麼早辭世而已。但問題是要活多久才算足夠，才可以無憾地離去？這才是最值得深思的人生課題。

延伸閱讀:

Williams, Bernard. "The Makropulos Case: Reflections on the Tedium of Immortality." *Problems of the Self*, Cambridge University Press, 1973, pp. 82–100. (英美分析哲學界討論永生問題的奠基之作，見解深刻)

Harari, Yuval Noah. *Homo Deus: A Brief History of Tomorrow*. Signal Books, 2016. (書中第一章嘗試從現實生活與「未來發展」等方向設想永生對人類社會發展的影響，當中有不少有趣的預測)

Nussbaum, Martha. "Transcending Humanity." *Love's Knowledge: Essays On Philosophy and Literature*, Oxford University Press, 1992, pp. 365–390. (以文學作品《奧德修紀》討論永生議題，觀點別出心裁)

Walter, Tony. *What Death Means Now: Thinking Critically about Dying and Grieving*. Bristol University Press, Policy Press, 2017. (討論死亡的社會學議題，行文平實易懂，入門推薦)

但願不曾活過？

希臘神話中，弗里吉亞國王米達斯(Midas)曾經向森林之神西勒努斯(Silenus)問過以下問題：到底人生在世，最美好的事情是什麼呢？西勒努斯的回答相當有意思，他說：死心吧，你永遠不可能得到人生最美好的東西，充其量只可以獲得第二好的。米達斯王愈發好奇，一再追問，西勒努斯最後只好說出答案：對所有人來說，最好的莫過於不曾出生於世上，但這明顯已經不可能實現，我們可以做的就只有獲取第二好的，那就是早一點死去而已。以上的神話反映了希臘人生觀的基調：活着就是折磨，但願不曾活過。這種「生而為人，我很抱歉」的說法，涉及不少有趣而值得研究的人生問題。

先來一點概念分析。參考哲學家班奈特(David Benatar)於《但願從沒存在》(*Better Never to Have Been: The Harm of Coming into Existence*)一書的講法，嚴格而言，「不曾出生比生而為人要好」這種講法，概念上有商榷之處。一般當我們說X比Y要好時，就意味X和Y是兩種不同的狀態，而且各自有好壞可言。因此如果說對我們而言，不曾出生比生而為人要好，其實就相當於認為我不曾存在的狀態，比現在活着的狀態更好。但細心一想，所謂好與壞需有其主體對象而言，而不曾存在的狀態，即是沒有我的狀態，如果

我不存在，自然亦沒有所謂對我而言的好壞。因此說不曾存在「對我更好」，其實是不成立的。不過，或許我們不用以比較形式，而改以另一種方式表達。事實上當很多人說「但願不曾活過」這句話時，只是「生命不值得活，如果能選擇，希望此生從未開始」之意，而這種表述方式應可避免方才提到的概念問題。無論如何，轉至問題的關鍵，到底有什麼理由支持或反對但願不曾活過的想法？由於判斷人類整體生命應否開始所涉及的考慮十分複雜，下文將只從某些具體的生命條件討論，希望顯示一些思考的方向，但一如以往地不旨在提供答案。

　　一般來說，思考到底此生應否開始時，最直接的考慮就是生命的質素，即從生命中痛苦與快樂的比重決定。痛苦的人生不值得繼續，因此不應該開始；快樂的人生則反之。但誠如班奈特所言，「生命是否值得繼續」與「生命是否值得開始」是兩個相關但不完全等同的問題，涉及的考慮與標準並不一樣，不應混淆。不值得繼續活下去的生命（必須強調是從整體人生的理性判斷，而不是一時三刻的衝動），例如一生赤貧而且孤苦無依的人生，大概同時會是不值得開始的；可是值得活下去的生命，卻不必然值得開始。比方說尼克‧胡哲（Nick Vujicic），自幼失去四肢，但自廿歲左右開始演講傳道，現在名成利就，受不少人尊敬，亦有美滿家庭，遠比很多人幸福，因此他的生命對很多人來說應該是值得活下去的（至少他本人如此認為）。但如果能選擇，尼克會否認為此生值得開始呢？還是不曾出

生更好？我不知道他的答案，不過切身處地思考的話，大概我和很多讀者或許寧可不曾出生。由此可見，生命是否值得開始所需要考慮的，要比想像中複雜。

即使沿用痛苦與快樂作為評價具體生命當初值得開始與否的指標，也不應把當中的計算想得那麼簡單。首先，現實人生大抵有苦有樂，有幸有不幸，不可能只有其中一種。再者，我們很多時候只用總量法，粗略地量化生命中快樂與痛苦的多寡，然後將之加減，計算結果。如果人生樂多於苦，則值得開始；苦多於樂的人生則否。可是除了總量外，班奈特強調痛苦與快樂的分佈形式也不能漠視。例如一個六十歲的人生，設想以下三種苦與樂的分佈形式(當然還有更多可能)：A：前三十年非常痛苦，後三十年非常快樂；B：前三十年非常快樂，後三十年非常痛苦；C：苦與樂各持續十年，輪轉三次。假設三者痛苦與快樂的總量等同，但我相信大家未必認為三者無高低之分。例如以我個人而言，C明顯比A和B要好。大家不妨自行考慮優次，並反思當中理由。簡言之，分佈形式會左右對生命的評價，必須留意。

方才的討論都是把生命的價值(不論是值得繼續還是值得開始與否)化約為苦樂的計算，但這個預設其實值得質疑。第一，會不會有些經歷本身就足以決定對生命的評價，而使生命(不)值得開始，哪怕再多的痛苦或快樂都不可抵消？於此我想起《聖經》中約伯的故事。義人約伯忠於上帝，但上帝為他設下試煉，容許撒旦奪去約伯的財富、子女和健康。不過即使歷盡苦難，約伯依然虔誠，最

終大受賞賜，超過先前，得到更多的財富與更漂亮的兒女。我年輕時讀到此段經文不禁納悶，難道新生的子女，可以抵消死去的？上帝何以將人命當成同質的替換品，能以新抵舊？如果我是約伯，首先我不求更多的財富與新的兒女，而只希望死去的兒女復活。更重要的是，如果可以選擇，我絕不希望經歷喪失子女的痛楚，就算之後有更大的喜樂等待，我也情願不過這樣的人生，不曾生於世上受此煎熬。換言之，有些痛苦就是不可抵償的，生命並不是純粹的計算。另一質疑是，雖然大多數人會認為文章開首提過的那種一生赤貧，孤苦無依的人生，是既不值得繼續亦不值得開始的，但這可能只是將生命的價值完全取決於其內容的想法所引致。有些人認為，生存和經驗本身就是有價值的。即使那些經驗是痛苦的，但能夠生而為人，經歷人世間各種苦難(更何況總有快樂的時候)，也算是體驗過生活和世界，比從未存在要好得多。如果上述兩點質疑成立，我們就有必要修正對生命好壞的評價標準。

　　以上都是一些思考人生是否值得開始的參考方向，或許有人會說，討論這個問題根本沒有意思，因為正如西勒努斯所言，不管結論如何，都改變不了我們已經生而為人的事實。可是以上的討論不單可以反省我們對生命的態度，更有另一個嚴重的理論後果，那就是應否生育。如果我們真的認為生命根本不值得開始的話，生育恐怕就是對新生命的最大罪行，而停止製造更多悲劇，也可算是對自己與世界的慈悲。

延伸閱讀

Benatar, David. *Better Never to Have Been: The Harm of Coming into Existence.* Oxford University Press, 2006. (近年英美分析哲學界中反出生主義與反生育主義的最重要論著，本書的第二章詳細解釋為什麼「生而為人必然是種傷害」，引起學界廣泛討論)

Benatar, David. "Still Better Never to Have Been: A Reply to (More of) My Critics." *Journal of Ethics* 17 (1–2), 2013, pp. 121–151. (班奈特於文中逐一回應學界對其「生而為人必然是種傷害」的批評，是了解反出生主義的重要文章)

Overall, Christine. *Why Have Children? The Ethical Debate.* The MIT Press, 2012. (書中第六章中詳細反駁班奈特「生而為人必然是種傷害」的想法，論證仔細，更有不少有趣的思想實驗)

有意義的薛西弗斯？

　　人生是否毫無意義？每論及此，人們往往會以希臘神話中薛西弗斯(Sisyphus)的故事為例，象徵痛苦、重複而無意義的悲劇人生。對此哲學家泰勒(Richard Taylor)曾撰 "The Meaning of Life" 一文反駁，認為就算是薛西弗斯，其人生仍可以是充滿意義的。下文將簡述泰勒的想法，並略作回應，藉此討論人生意義的問題。

　　首先讓我說明泰勒在文中的論證次序：先嘗試解釋無意義與有意義的存在狀態為何，進而探討我們的人生到底屬於哪一方，最後提出無意義人生的解決之道。那麼，什麼是有意義的存在狀態？對此必須先釐清問題，說某種活動或狀況「有意義」時，所指為何？坦白說這並不容易回答。不過或許可以換一個角度切入：由於我們比較容易指認什麼是「無意義」的狀態，由此對照，應可反向把握何謂有意義的存在狀態。

　　正如方才提及，很多人認為希臘神話中薛西弗斯的狀況是無意義人生的典範。簡單而言，薛西弗斯蔑視而且欺騙眾神，眾神為了懲罰他，要他把一顆巨石推上山峰。可是每當推到頂峰之時，石頭就會溜走，滾回山腳，於是薛西弗斯又得回到山腳重新推石，周而復始，直到永遠（姑且稱此為「無盡的推石人生」）。為什麼「無盡的推石人生」是

無意義的典範？直觀的答案是：因其痛苦而重複。可是泰勒強調，「無盡的推石人生」之所以無意義，其實不在於過程是否痛苦，亦不關乎重複，而是它只是單純的為活動而活動，沒有目標，最終亦無所建立。

　　泰勒的想法有何根據？先討論痛苦。設想薛西弗斯的石頭變得十分細小，搬動毫不費力，這會否令「無盡的推石人生」變得有意義？泰勒認為不會。即使石頭再細小，過程再輕鬆，但每當接近頂峰之時，石頭依然滾回山腳，整個活動仍舊永遠重複，除此之外沒有其他目標，依然無所建立。那又為何與重複無關？泰勒說，假設薛西弗斯仍必須永遠推石，但今次石頭不再溜走，而是薛西弗斯不斷回到山腳推動新石上山，最終於山頂建立一座宏偉的寺院。如此縱使過程仍舊重複沉悶痛苦，推石卻立即變得有意義：每一次的推石，都是有目標的，都是邁向寺院建立的一步，最終能成就有價值的(哪怕旁人認為不值)事物。由以上兩點可見，所謂無意義的狀態，根源不在於痛苦或重複，而取決於有否目標和建立。與之相反，如果某活動或狀態朝明確的方向與目標前進，能成就價值的話，那就會是有意義的。

　　了解到何謂意義的有無之後，我們的人生到底屬於哪一方？泰勒認為如果從宏觀而論，世界整體以至我們的人生，其實與薛西弗斯十分相似，並無意義。仔細觀察，定能發現世界整體只是不斷循環的機器，為繼續而繼續，沒有任何目的。比方說動物從出生、求存、繁殖、到死亡，

一代一代周而復始，不為什麼，直到永遠。就算是人類的生活，縱然比動物多樣化，基本結構仍舊不改。試想想，街上的商店每天營營役役，就只為了明天可繼續同樣的經營下去。人生中有各種不同的活動和追求，好像學業、愛情、工作等。一旦到手，我們就轉移目標，不斷重複，至死方休。人們組織家庭，生兒育女，結果就是(哪怕不是父母意願)使下一代繼續學業、愛情、工作、家庭、死亡這套循環，不斷延續下去。

有論者或會反駁，人生的活動豈會無所成就？那些人類文明和建設怎會毫無意義？如果我們的目光只集中於個人或短時間之內，也許答覆會較正面。不過殘酷來說，一旦從宏觀角度看來，無論是個人的事業家庭、國家的更迭、文明的興衰，過程中固然有所建立，例如文化、藝術、建築等等。但這些成就只是過眼雲煙，一切最終只落得消散並推倒重來的結局。比如制度或國家的建立，耗費多少先賢的心血與性命，結果往往不過百年而亡，後人又得重新上路。換言之，即使具體內容有異，但人類的一切活動都是遵循「建設、登頂、消亡後推倒重來」的這套薛西弗斯邏輯運作。分別只在於薛西弗斯是自己一人永遠重複，我們則是由子孫承傳，一代一代的無盡延續而已(當然人類或終有滅亡的一天，那是後話)。是以人生從宏觀而言，其實與薛西弗斯的狀態無甚差別，沒有意義。

面對沒有意義的人生，我們有何方法改變？泰勒提出以下的可能：想像薛西弗斯仍舊面對「無盡的推石人

生」，不過神出於憐憫，同時賜與薛西弗斯一種不明所以的「推石衝動」，令他極之渴望推石。如此推石對薛西弗斯而言就突然變得充滿意義。他不會再問推石為了什麼，亦不必介意能達成什麼目標，因為現在推石本身就是其行動的依歸與意義之所在。誠然，這種衝動毫無邏輯與理性可言，可是一旦他本人被賦予這種衝動，問題就迎刃而解，甚至可說是祝福：他極度希望推石，而定必得償所願，直到永遠。其人生由無止境的痛楚深淵，一轉成為無盡的滿足！有趣的是比較「無盡的推石人生」的兩個版本，唯一的差異就是薛西弗斯本人的想法而已。由此可見意義的建立，其實不必基於任何理性的論據，或是客觀成就的建立，而只是自身意志的產物。我們當然沒有神的憐憫，但按此思路，人只要能改變心態，不再過問人生的外在目標與建立，而接受生活本身就是所有意義所在，自我賦予價值，則人生就可充滿意義。我們亦不再需要因人類所有建立必將消亡的命運而感到悲傷或荒謬。有意義的人生其實不假外求，僅此而已，僅此而足。

　　泰勒的想法誠然有其道理，但我認為有兩點值得留意。首先，他希望把生命意義完全收歸於主觀意志，此與很多人的直覺相符。在現代機械式的世界觀下，我們不再相信外在世界本身有任何目的與意義，也不再仰望上帝，要尋找客觀生命意義無疑是相當困難。可惜這種主觀進路要面對一大難題：一個認為生命無意義的人，其問題正在於他「主觀地」如此相信，既然如此，又如何能輕易的改

變心態？泰勒的建議似乎知易行難。

　　再者，按泰勒的想法，人生要有意義，只能以主觀的觀點賦予。一旦跳出一己的視角，從後設的層面考察自身活動的話，便會令意義消失。可是就如哲學家內格爾（Thomas Nagel）所言，人類的獨特之處，正在於可以跳出個人觀點，從更廣闊的視野審視自己。獅子獵食、蜜蜂築巢，牠們從不會反省自己所為何事。唯獨人類才會反躬自問，質疑當下的活動與辛勞意義何在。如果從更客觀的觀點思考是人的本性的話，那麼泰勒的建議不但無補於事，更似乎反證出總會自我反省的人類，下場註定就是無意義的人生。

　　倘若人生真的難有意義，我們該如何自處？方法不外以下三種：改變、接受或逃避。泰勒建議薛西弗斯改變心態，自行賦予意義；卡繆（Albert Camus）在《薛西弗斯的神話》（*The Myth of Sisyphus*）一書中，認為薛西弗斯可接受和承認人生的荒謬與無意義，勇敢面對。這兩種方法似乎都有一定難度，幸好我們比薛西弗斯幸運，不必受永遠的折磨，因而有第三種選擇：自行了結，逃離無意義的人生。但自殺到底是否正確或合理的選擇？下一篇文章我們會仔細分析。

延伸閱讀

Taylor, Richard. "The Meaning of Life." *Life, Death, and Meaning: Key Philosophical Readings*, edited by David Benatar, Rowman & Littlefield Publishers, 2016, pp.21–30.（作者以薛西弗斯的例子論證人生意義在於自我賦予,論點有趣）

Camus, Albert. *The Myth of Sisyphus.* Penguin Classic, 1979.（討論自殺和人生意義的文學與哲學經典,見解深刻的作品）

Hare, Richard. "Nothing Matters." *Life, Death, and Meaning: Key Philosophical Readings*, edited by David Benatar, Rowman & Littlefield Publishers, 2016, pp. 43–50.（從語言與概念分析的角度,論證人生「沒有事情是重要的」（Nothing Matters）這說法站不住腳,另類的人生意義哲學文章）

自殺可恥但有用？

面對痛苦或了無意義的人生，我們可以選擇對抗、接受或逃避，其中又以自殺一途最為人所非議。到底自殺是否懦弱可恥的道德缺失？還是合理有用的逃避手段？下文將列舉一些支持與反對自殺的常見理由，並逐一回應，希望幫助大家把問題想得更清楚。

當談及自殺的對錯時，先要區辨兩組概念，分別是「道德上的對錯」與「理性上的對錯」。根據哲學討論的一般共識，前者取決於某行為有否違反社會上共同承認的道德規範；後者則視乎某行為能否為其本人(或其關心的人)帶來更多利益。據此道德與理性其實是兩組不同但相關的考慮，比方說，在確定沒有人發現，又對社會影響甚微的情況下，逃稅是理性但不道德的。因為此舉雖然能增進個人利益，但卻沒有盡市民應有的義務。當然，如果將理性的定義擴大，認為其必須合乎道德的話，情況又作別論。事實上理性與道德的關係在哲學上仍眾說紛紜，篇幅所限未能詳述，下文會先假定兩者是相異的原則而分開討論。

先檢視反對自殺的理由。第一種常見的論點是說自殺「違反自然」。人類的本能就是求生存，自我了結就是違反人類最基本的天性，因此不管理性還是道德上都是錯的。可惜這種論調無疑犯上自然主義的謬誤，這可從正反

兩面解釋。從正面而論，某事情合乎自然，並不代表其正確。例如食色性也是人類的天性，但順此而生的行為亦可以是不道德的，否則搶劫或性侵就不會被視為罪行。由反面論述，不自然的事情亦不一定錯誤。生老病死是人生必經的階段，自然不過。醫學的目標就是對抗這個自然過程，然則患病吃藥是不理性的嗎？可見訴諸自然並未能有力反對自殺。更重要的是，方才的討論都假定求生是自然本能，而求死則不是，但理據為何？當某人身陷極大痛苦（不管是生理還是精神上）時，希望脫離苦海而選擇輕生，不也是很合乎自然的人性選擇嗎？如果求死合乎自然的話，那麼自然主義的反駁將徹底崩潰。

有不少人認為，自殺是「懦弱的表現」，不應效法。面對人生的苦難，應該勇敢地迎難而上，自殺只是軟弱無能的舉動。對此可以有兩點回應，首先，決定生存下去的人不必然勇敢。假如身陷不可逆轉的困境，若把堅持說成是勇敢，反可能只是誤人誤己的愚昧。再者，自殺所需要的勇氣往往不比生存少。現實上有多少人是尋死的勇氣也沒有？正正是受制於教育與社會壓力，自殺於大眾心中已是普遍的禁忌，反倒轉過來顯示出決定自殺的人其實具備極大的勇氣。

就我所見，在眾多反對的論調中，「自殺並不理性」是最廣為認同的想法。如果按方才對理性的定義，那麼自殺是否合理，最終就是利益計算的結果，看看生存與死亡何者對自己更有利。既然是現實的計算，按常理當然是因人

而異，並無必然的結論，不見得一定反對自殺。不過也有論者認為自殺的決定註定不合乎理性，因為這種利益的比較不可能成功。當自殺者相信死了比活着好，所以自殺是理性選擇時，此判斷涉及兩種情況的比較：「生存下去的好壞」與「死亡的好壞」。可是細心一想，好與壞需有其主體對象，而死亡即是主體不再存在，如果「我」不存在，那亦沒有所謂對「我」而言的好壞。由此生存與死亡的比較亦不可能成功，自殺的合理性也無從建立。不過這種想法近年來已被好些哲學家反駁，例如卡根(Shelly Kagan)於《令人著迷的生與死》(*Death*)一書便認為，當比較生與死的好壞時，並不需要涉及死後的計算，要做的只是如日常生活的預測一般，比較自己人生的兩個可能情況：「我多活廿年的人生」與「我此刻撒手人寰的人生」的好壞。由於以上兩者只是一般的價值判斷，道理上應是可行的。

關於自殺並不理性，另有一種流行的想法是這樣的：由於自殺往往是精神情緒極為惡劣情況下的決定，因此這判斷並不理性。此論似乎有理，但正如卡根所言，它也可以推出相反的結論。在身心交瘁情況下，不管你決定輕生還是續存，兩者都是於精神惡劣情況下的決定。如果自殺因此是不理性的話，同理決定活下去也必然是不理性的。但人生只有活下去與死亡兩種可能，然則無論如何都是不理性的？觀察現況，人們很多時候其實是結論先行，當某人面臨崩潰決定自殺時，就說他受情緒影響，判斷並不理性；如果他決定活下去，卻說他的選擇明智合理。這種不

負責任的評語無疑是雙重標準，才是真正不合乎理性的舉動。

在討論過反對自殺的理由後，是時候反省支持自殺的論據。對於自由主義者來說，自殺是合乎道德的，全因所有人都有掌握自己生命的「自主權」。這是一種不被干預的權利(right of noninterference)，即我們不應對他人的自殺行動置喙和阻撓。此權利的基礎之一，在於堅信我們是自己身體與生命的主人，有自由如何對待它，情況就好像個人有自由運用其財產一般。要回應自由主義者，反駁或可如下：「自主權」最多只顯示對方有權自殺，卻不等於其行為必然合理。以方才的財產權類比，假設我有五百磅穀物，旁人當然不應搶奪，但倘若我決定將所有穀物一把火燒光，縱使我有權如此，卻不見得這種浪費是合理，甚至是道德的舉動。由此可見，以權利證成自殺，仍有不足之處。

不少人認為「人生無意義」是自殺的合理辯解。可惜嚴格來說，自殺並不能解決人生意義的失落。細心想想，如果人生意義取決於主觀感受的話，你的消失最多只能令「我的人生沒有意義」這想法不復存在，而不是將之變為「我的人生充滿意義」。另一方面，假若人生意義由客觀條件決定，例如生前的事業成就，或對世界的貢獻等等，死亡也不能扭轉閣下一事無成的事實。換言之，不管循主觀還是客觀標準，自殺也不會就此令你的生命驟變豐盛，而只不過提前完結那無意義的人生。倘若從積極的方向思考，

只有活下去才可能有找到意義的一天，自殺反倒是提早為自己蓋棺論定。如果你真的在乎自己人生有沒有意義的話，堅持下去，保留翻案的可能，似乎才是更合理的選擇。

總結上文，其實自殺不必然可恥，縱使亦不一定有用。不管是支持還是反對自殺的立場，都仍有不少商榷之處。雖然討論至此未有明確的答案，但希望至少能減低大家誤判的可能，因為說到底生命只有一次，恨錯難返。

延伸閱讀

Kagan, Shelly. *Death*. Yale University Press, 2012. (本書第十五章詳細討論自殺的理性與道德問題，是行文淺白的入門推薦)

Durkheim, Emile. *Suicide*. Routledge Classics, Routledge, 2005. (社會學經典，深入分析自殺與社會結構的關係)

Brandt, Richard. "The morality and rationality of suicide." *Morality, Utlitarianism, and Rights*. Cambridge University Press, 1992. pp.315–335 (從效益主義的角度討論自殺問題，是理解自殺與效益主義的好文章)

有限的人生才有意義？

　　每當談及人生意義，總不免會提到死亡。有人認為，只有不死的人生才有意義，因為死亡令生命一切終究成為過眼雲煙。相反也有論者相信正因人皆有死，反倒令我們珍惜生命，從而活出意義。面對這兩種對立的想法，下文會借用幾篇哲學文章的想法為骨幹，探討死亡與人生意義的關係。

　　一如以往，討論前先界定一些基本概念。首先，讓我們把「死亡令人生沒有意義」的想法稱為悲觀論，而「死亡能給予人生意義」名為樂觀論。再者，我會假設「有意義的人生」是由一連串「有意義的活動」累積而成，因此是個有程度之別的判斷，而不是全有或全無的絕對二分。最後，根據以上假設，當悲觀論和樂觀論分別強調死亡會剝奪或賦予人生意義時，到底是指充分條件還是必要條件？細心反省，便會知道絕不可能是充分條件。如果按悲觀論者所言，死亡是令人生沒有意義的充分條件，那麼既然凡人皆死，結論便是所有人的生活都沒有意義，但這明顯是不符合現實的；同理，倘若樂觀論者説的是充分條件，在人人皆死的前提下，難道我們都必會有美好人生嗎？由以上兩個反例可見，不管就悲觀或樂觀論者而言，死亡都不應是決定人生意義的充分條件，充其量只會是必

要條件，或其他更寬鬆的條件關係。

　　為什麼死亡令人生難有意義？悲觀論者最常見的論點，大概是死亡使人生的種種努力都變得徒勞。一切個人的功績，對世界的影響，都必隨自己與對象的死亡而失效和被遺忘。既然所有事物最終都不過是時間洪流的過客，那又有何重要與意義？這種想法雖然普遍，卻不見得合理，以下是兩點反駁：首先，正如哲學家梅斯（Thaddeus Metz）在其 "The Immortality Requirement for Life's Meaning" 一文所言，為什麼一定要有恆久影響的事情才有意義？比方說一個畢生致力拯救病人的仁醫，其人生明顯是有意義的，縱使他救治的病人（和他本人）最終難逃一死，但這亦無損其救急扶危的價值和意義。再者，這種「由於日後不重要，所以現在也不重要」的推論，並不站得住腳。哲學家內格爾（Thomas Nagel）在 "The Absurd" 一文解釋，誠然人生中的作為，不論在現世有多大影響，一百萬年後大概都不再重要。但倘若一件事「現在」很重要，不足以使它「一百萬年後」變得重要，那為何這件事在「一百萬年後」不重要，會使它於「現在」變得不重要（或重要）？從「現在」向「一百萬年後」看，或從「一百萬年後」向「現在」看，兩者同樣是相距一百萬年罷了！可見這種推論其實是不一致的。

　　悲觀論者相信，要判斷某人的一生是否有意義，重要標準之一在於他能否達成一些超越自身的價值。相比只着眼於一己的哀樂成敗，能夠超越個人生命，成就大我，例

如捨身取義，或研發出新的疫苗貢獻全人類，明顯是更有意義的人生。死亡，於此就是時間上的限制，令我們更難企及一些超越自身的目標，令有意義的事情(人生)更難達致。那些投身偉大的人類事業，但壯志未酬，含恨而終的例子正是此說的最佳證明。不過正如梅斯所言，時間只是阻礙我們成就超越價值的限制之一，而且亦不見得永生便可解決所有問題。反之，即使人會死亡，仍可能成就一些超越價值，例如寫下不世的文學巨著，啟迪後人。由此可見，死亡對人生意義的負面影響，大概遠比悲觀論者所想的要弱。

樂觀論者堅信死亡能賦予人生意義，最重要的理據是認為死亡是人生的終極推動力，其思路如下：如果人能不死，就沒有動力做事，只會不斷拖延。一旦真正意識到死亡的迫近，自然不得不認真籌謀，因為死亡不是某一特定事情的死線，而是存在的終結，並且不能逆轉，事情一旦錯過，就不可能再續。換言之，死亡令人必須思考在有限的人生中，如何按緩急輕重，追求人生目標，活出意義，而不致於荒廢人生。可惜就像哲學家杜斯爾(Brooke Alan Trisel)在 "Does Death Give Meaning to Life" 一文批評般，這種「死亡意識」的想法明顯太過簡陋。即使人能不死，有些事情還是會有時限的。例如你撞車骨折，劇痛難當。難道我們會說反正又不會死，先痛過一百年才治療嗎？又假設明天有一千萬彩票開彩，投注時限還是不會因永生而延遲的。

即使退讓一步，承認「死亡意識」理論上能迫使人們坐言起行，但為什麼現實上還有那麼多人耽誤人生？杜斯爾解釋，原因在於死亡的不確定性：雖然我們都明白自己終須一死，但沒有人知道死期為何。這種不確定性令人抱有永生的幻覺，心存僥倖。以下是他提出的思想實驗：如果人類就像荷里活電影《潛逃時空》(*In Time*)一般，能夠準確預知自己生命還餘下多少時間，我們的生活將有何改變？合理的猜想是我們會更珍惜時間，不再浪費心力於對自己的目標無關的閒事之上，活得更有動力和意義。

　　對於「死亡意識」，杜斯爾還有一有趣而重要的註腳，即認清外在與內在推動力兩者的分別。某事物具備內在推動力的意思，是說它本身就是有趣或有價值的，因此能推動你實行；而外在推動力則指由於有助於達成其他目標，它給予你行動力。按此定義，有內在推動力的必然是具體的事情，好像打籃球或讀哲學。有趣的是「死亡意識」明顯是沒有特定內容的推動力，它不能告訴你具體上應做什麼，而只會推動你於死前實行那些具內在推動力的活動。換言之，「死亡意識」縱然會迫你行事，但要令人生有意義，必須有具體而有意義的活動可供實行才成。如果你人生中根本沒有任何有意義的目標，「死亡意識」其實並不能賦予你人生意義。

　　方才提到悲觀論者認為死亡作為時間限制令人生難有意義，於此有部份樂觀論者嘗試以子之矛，反駁正因時間限制，人類才可能透過超越這種有限，來達致更有意義的

事業與人生。杜斯爾以柏拉圖寫出《理想國》(*Republic*)為例子說明此論。試比較以下兩組情況：(甲)會死的柏拉圖寫出影響後世的經典《理想國》；(乙)永生的柏拉圖寫出影響後世的經典《理想國》。雖然兩者同樣是極有意義的功績，但我們會認為甲的情況更難能可貴，更有意義，因為會死的柏拉圖比永生的柏拉圖多了一項成就：超越時間的限制，影響後世！不過杜斯爾亦不忘提醒，時間只是人生眾多限制之一。設想柏拉圖仍然永生不死，但卻時刻承受劇烈頭痛的煎熬，則在此情況下，如果仍能寫出《理想國》的話，同樣是超越重大人生困難後的偉大貢獻。因此，死亡這種時間限制，於超越個人的功業來說，並非不可或缺。

我曾在〈死不足惜？〉一文提及，永生很可能是壞事，因為時間最終會摧毀所有價值，令所有活動變得不再值得追求，不再有意義。由此永生的結局只有一個：漫無目的地永遠存在。如果此言屬實，則死亡就有多一重積極意義：在人生淪為無意義的存在前了結，阻止悲劇出現，反面地為人生意義做出貢獻。

綜合以上所言，我們應該明白，死亡只是眾多左右人生意義的條件之一，並且往往按情況而定。與其仰賴永生或死亡能提供救贖，倒不如活在現世當下，因為人生意義的最重要決定點，不在於開始或終結，而是過程。

延伸閱讀

Trisel, Brooke Alan. "Does Death Give Meaning to Life." *Journal of Philosophy of Life* Vol.5, No. 2 , 2015, pp. 62–81.（討論哲學上各種支持「死亡令人生變得有意義」的論點,並有嚴謹仔細的回應）

Metz, Thaddeus. "The Immortality Requirement for life's meaning." *Ratio* (new series) XVI (2 June), 2003, pp.161–177.（討論「永生」是否能令人生變得有意義,亦論及神與人生意義的關係,觀點有趣）

Nagel, Thomas. "The Absurd." *Mortal Questions*. Cambridge University Press, 1979, pp. 11–23.（分析「人生荒謬」的意思與因由,是相關題目的經典論文）

Young, Julian. *The Death of God and the Meaning of Life*. 2nd edition. London: Routledge, 2014.（詳細介紹由古到今多位哲學家對人生意義的見解,是認識人生哲學的好書）

人生只是遊戲？

　　人生到底是怎樣的一回事？有人認為人生是嚴肅而神聖，充滿意義；也有不少人相信人生不過是趟無聊，甚至痛苦的旅程，不如盡快結束。就此哲學家雪茨(Bernard Suits)曾撰 "Is Life a Game We are Playing?" 一文，主張人生其實只是一場遊戲，下文將拋磚引玉，介紹他的想法並簡單回應。

　　雪茨認為人生不單單是遊戲，而且我們還身處其中卻懵然不知。要論證這種想法，有三個相應步驟：首先必須清楚定義何謂「遊戲」，接着解釋人生為何就是遊戲，最後說明我們身處遊戲而不自知的原因。

　　雖然每個人都接觸過遊戲，看似並不陌生，但要嚴格定義倒不容易。為什麼平常吃飯不算遊戲，但於限定時間內盡量吃得最多，例如競食，卻是遊戲節目的常設項目？其實關鍵在於「目標」、「意圖」與「規則」。雪茨認為遊戲的基本定義如下：

> 遊戲的目標在於達至某一目標，過程中會刻意設置某些規則，規限達至目標的方法。最後，我們之所以設置和接受這些規則，動機純粹是為了令該遊戲得以成事。

讓我以具體例子說明：有些小朋友很喜歡玩投擲遊戲，各自把手上的廢物，遠距離投進課室的垃圾桶。細心想想，假若目標是棄置垃圾的話，最好的做法當然是走到垃圾桶旁邊放下，投擲只會增加不便，因為失敗了只能重新拾起放回。可是這遊戲的目標根本不是「棄置垃圾」，而是「以遠距離投擲方式棄置垃圾」。投擲是遊戲內唯一容許的手段，亦是整個遊戲的本質，使遊戲變得困難有趣，同時不接受它就相當於否定此遊戲。由此可見，遊戲其實是種自我設限，超越困難的活動。順應以上思路，說某人正在玩遊戲時，雪茨認為大致有以下四項意思：

1.　他希望達成某具體目標；

2.　他禁止部份能達成該目標的手段；

3.　他是刻意禁止那些手段；

4.　他之所以刻意禁止那些手段，只為令遊戲本身變得可能，而不是由於其他外在原因。

按以上定義，遊戲參與者(玩家)即使不意識到自己的行動符合上述任何一項條件，仍可算是參與遊戲之中。以足球為例，小朋友可以知道球例是刻意禁止用手的，卻誤以為是由於其他原因(例如安全考慮)，甚或完全不明白球例的前因後果，但仍然可以好好跟從，樂在其中。

明白遊戲的定義後，接下來要問的當然是人生為何是場遊戲？具體而言，如果此論屬實，人生這個遊戲的目標和規則又是什麼？雪茨認為其中一個合理說法是，人生遊戲的目標就是盡可能增加自己的快樂，而道德規條和社會

規範正是那些自我設置的規限。現實各人的人生目標雖因人而異,例如金錢名譽愛情事業等等,但最終不都是因其令人快樂嗎?(個人認為答案應該是幸福而不是快樂,兩者的差異可參考本人〈幸福不必快樂?〉一文)再者,我們都相信在追求自身最大快樂時,必須遵守某些道德規條,例如不應該傷害他人。以上想法似乎頗符合大眾的直覺。不是很多人認為道德或法律只是外在、人為的規限嗎?如果不需受限於道德,人生不是會變得更輕鬆嗎?當然有些道德客觀論者會反駁說,將道德視為自我設限的遊戲規則,很容易淪為不問是非對錯的極端相對主義。反之,我們應該相信道德有其客觀、獨立於人類心靈存在的根據,例如宗教上的神,或哲學家所言的客觀道德價值。可是這種想法的困難在於,客觀論者難以證明此等外在根源。訴諸上帝只是把問題延後一步,我們大可再追問神的存在根據,最終只會無窮後退。至於客觀道德價值,既是獨立於人類心靈存在之物,答案又從何得知?如何驗證?假如A君與B君各自對公平有不同意見,客觀論者如何判斷兩者誰更符合那獨立於人類心靈存在的答案?由是觀之,縱使仍可商榷,遊戲論者的道德觀似乎面對的困難較少。人生的確符合遊戲的基本條件。

假使人生是場遊戲,為什麼我們懵然不知?首先正如上文所言,一般人都誤以為道德規範是有外在的根據,而不明白這些規條全部只是人類自設的限制。不過雪茨認為更重要的原因是人們不想知道,或不願意承認人生只是遊

戲。按一般人的印象，遊戲是輕散而不必要的；人生卻應該是嚴肅而重要的。如果人生只是遊戲，生命似乎便顯得無甚意義。

就算人生是場遊戲，到底是所有人都身處於同一遊戲之中，還是各人玩着相異的遊戲？理論上兩者皆有可能，我卻認為更可能是同中有異，所有人在名為「社會」的大遊戲之上，各自再參與更多的小遊戲，而前者往往會規限後者。例如在文明社會下的愛情，追求異性最終無疑是想令對方愛上自己。可是我們並不全然目標為本，反會為愛情遊戲設限，例如禁止欺騙或強迫，一夫一妻是法律唯一許可的婚姻等等（對照動物界就沒有那麼多規限）。遊戲違規者會被其他玩家排斥（例如被欺騙對象討厭），假如你為求目的不擇手段，社會甚至會懲罰你（例如因重婚罪而入獄）。可見所有人其實被迫在「社會」此遊戲背景下，按自己的目標投身不同的小遊戲。

倘若接受人生只是遊戲，有什麼後果呢？最直接的答案，似乎就是人生最終是個沒有內在價值或意義、不值得玩下去的無聊活動。對此我有兩點回應：第一，以上結論之所以成立，歸根究柢是將遊戲視為無聊或不認真的活動之故，不過這種想法極有問題。參與態度與活動本質兩者並沒有必然關係，有人認真對待遊戲，例如國外電競選手；也有人對理應嚴肅看待的活動輕率為之，比如香港的某些高官。再者，以遊戲人間的心態應世，亦可有其妙用。人生放輕一點，不啻是種緩和或安慰，減輕規限帶來

的人生痛苦。莊子所謂的「至人之用心若鏡，不將不迎，應而不藏，故能勝物而不傷」正是此意。

其實相信人生只是遊戲，並不等如人生就此可任意妄為，而只是認清人生的目標以至手段，並無任何外在的權威，卻是把握在人類自己手中。既然東西是自己選擇的，不就更應該認真對待嗎？選擇怎樣的遊戲，做個怎樣的玩家，就是怎樣的人生。如果有所謂人生價值或意義，或許就是這種自我設限而加以超越的過程而已。

延伸閱讀

Suits, Bernard. "Is Life a Game We are Playing？" *Ethics*, 77, No. 3, 1967. pp. 209–213.（分析「遊戲」的定義，進而論證人生只是遊戲，立論新穎）

Kolers, Avery. "The Grasshopper's Error: Or, On How Life is a Game." *Dialogue* 54 (4) 2015, pp.727–746.（詳細討論雪茨「人生只是遊戲」的理論，並為其辯護）

唐君毅：《人生之體驗續篇》，台北：學生書局，1979。（探討人生的灰暗面，卻不消極悲觀，觀察獨到深刻）

社群

我們都在見死不救？

　　如果說，我們都是對世界上的悲劇袖手旁觀，見死不救的罪人，理應受道德譴責，未知大家有何感受？不管你同意與否，或許可以從哲學家辛格(Peter Singer)於1972年發表的文章 "Famine, Affluence, and Morality" 中著名的例子開始，說明這個指責的理據。設想某日你路過湖邊，看見一小孩遇溺，而且四野無人。假設你懂得游泳，拯救他並不困難，代價不過會花掉你少許時間和弄濕衣服。於此我猜想任何一個心智成熟的人都會說你應該去拯救他。反之，如果你因為不願花那十分鐘時間，或不捨得弄濕新買的西裝而拒絕營救，我們都會說你冷血自私，見死不救。因為相比人命，這些損失根本微不足道。

　　倘若大家都同意上述判斷，則我們每天其實都同樣在做着見死不救的自私行徑！按聯合國近十年的資料顯示，世界每年平均有上千萬人死於貧困相關的饑荒與疾病(多發生於中非與南美等貧困國家)，當中很多更是五歲以下的無辜小孩。其實他們只需少量的資源，例如廉價的基本藥物和清潔食水，便可免於死亡。而在地球的另一角落，生活在富裕國家的我們，一場電影戲票或晚飯，大概百多元左右的消費，便足以讓一個當地的兒童逃離死亡。可是我們往往卻把金錢用以吃喝玩樂，而不是捐助他們脫離險境，

行徑不正與方才的冷血路人如出一轍嗎？方才例子中那個遇溺的小孩就是赤貧國家中等待救援的兒童；而那個不捨得弄濕新買西裝拒絕拯救的路人，正是我們這些情願用百多元來吃喝玩樂也不願捐款的人——兩者都是見死不救（請注意我討論的對象是貧窮國中的饑民，特別是無辜的小孩，而不是什麼貪官或不事生產的懶人）。

想深一層，如果百多元可拯救一位小孩，那麼一部智能電話或名牌手袋的價錢，甚至可以拯救上百的人命了。即使退一步而言，我們仍然堅持買電話和手袋，但可不可以改買一個材料樣式功能相若的沒牌子版本？當中省下的差額，大概也足以拯救幾十人。難道名牌子的虛榮，抵得上數十人命？總結以上思路，結論只有一個：除維持生活和家庭的正常開支外，每一次當你將金錢花在娛樂消費等非必需品時，其實都是道德錯誤的自私行為。因為你本應可以用以拯救他人的性命，而不是用於奢侈品之上，而你最終卻選擇見死不救。

上述的想法，其實建基於兩點假設。首先，按辛格的表述，對任何人而言，缺乏糧食與醫藥，受痛苦和死亡的煎熬都是一件不幸的事。再者，如果不必犧牲重大個人利益，而又不需做出其他有違道德的事（例如傷害別人）的情況下，我們有責任去幫助別人減輕痛苦和脫離死亡。假若你同意以上兩點的話，那麼不論在遇溺或電影戲票的例子，甚或日常生活中，都理應盡力拯救有需要的人，哪怕會損害自己的一些利益（例如減少生活享受）。因為人命比

一切重要，而拒絕捐助就是見死不救的不道德行為。

　　承認辛格這個說法其實有很嚴重的理論後果，足以撼動我們日常的道德觀。首先，這會改寫關於道德責任的想法。一般來說，我們認為捐助難民屬於慈善行為，即是一些做了會被視為善舉，但不做也不應被道德譴責的行為。可是按方才的理路，捐獻其實是道德責任，拒絕捐助就是見死不救。另一方面，道德的要求將大大提高。一般認為屬於個人自由，並無不妥的消費或享受，原來都是道德上說不過去的冷血行為，理應減少甚至停止。相信以上兩點都與絕大部份人的直覺不符，難以接受。那到底這種見死不救的指責是否成立？下文會嘗試提出一些常見的回應，然後再看此等反駁是否站得住腳。

　　第一種常見的回應是，我們沒必要關心那些遠離自己生活圈子的外國難民。這種講法有兩個可能的意思，其一是物理距離，其二是人際關係的親疏有別。如果是前者，即由於彼此的物理距離太遠，所以沒有責任拯救的話，我很懷疑這是否道德上相關的考慮。物理距離或許會影響拯救行動的成效，例如資源的轉達時間與成本之類，但距離太遠不會令難民變得沒那麼絕望，不見得是合理的抗辯。第二種可能是人際關係的親疏。我們與那些難民非親非故，又非我族類，何以要放棄自己的享受來救他？這就要視乎閣下有多大愛，又認為國與國、人與人之間是否毫無關連甚至責任可言了(稍後會指出我們其實有一定的道德責任協助貧窮國家)。更重要的是，見死不救的指責不限於外

國的難民為對象，本土同樣適用。比方說即使以香港這種富裕社會，本土社區內也肯定有一些赤貧（雖或不致瀕死程度）小孩缺乏食物與學習資源。撫心自問，回應者又有否施以足夠援手？名牌手袋是否比他們的福祉重要？

另一個較有力的反駁如下：難民的困境並非我們造成，因此沒責任援助。回想方才小孩遇溺的例子，的確不是你推他下水的。但如果你對小孩說：「小朋友，雖然救你一命只是舉手之勞，但說到底不是我令你遇溺的，抱歉我在趕時間，再見。」坦白說，我看不出這種回應為何合理。不過更重要的是，如果宏觀地審視世界歷史和國際關係，便會明白他們的困境，部份也是由我們造成的。從歷史而論，很多貧窮國家如中非或南美諸國，都飽受當年歐洲國家帝國殖民主義的經濟與土地略奪，才引致今天的困境。當然，我們是香港人而不是英國或西班牙人，沒有參與那段侵略的歷史，可是從現況來說，富裕國家（包括香港），也不斷間接地參與對貧困國家的經濟壓迫。很明顯，我說的就是現在國際間不公平貨易的情況。大企業對發展中國家工人的剝削無日無之，例如朱古力和咖啡製造商對工人的壓榨已經是耳熟能詳的例子，相信無須重複。我們購買這些產品時，一定程度上就成為幫兇。或者說，我們現在的經濟成果和物質享受，多少是建基於他們的困苦之上，因此，我們至少有部份責任協助他們。

即使我們承認責任，但到底要做到何種程度才算足夠？難道真的要奉獻除生活必需外的所有？這倒也不必。

從個人層面出發，只要愈多人參與，每人的責任就愈輕。從政府層面而言，倘若所有富裕國家都參與其中，按辛格的說法，只要每年5%左右的GDP就大概足以解決絕大部份貧窮國的困境。坦白說，與其如香港政府一般花數百萬元來研發八段錦手機程式，又或興建數千億的高鐵，用那些錢來救人肯定更有意義。

　　我們或許難以成為苦行的修士，為全人類奉獻，但不容否認在日常生活中，很多產品和消費其實都是浪費時間空間生命的。我們愈能斷捨離多一點，愈多的無辜生命便可獲救。如果世上有所謂善行，其實就不過如此而已。

延伸閱讀

Singer, Peter. "Famine, Affluence and Morality." *Philosophy & Public Affairs* Vol. 1, 1972, pp. 229–243. (倫理學界討論慈善行為與國際救援問題的奠基之作，引起大量後續的倫理學與政治哲學討論，影響深遠)

Moyo, Dambisa. *Dead Aid*. New York, Farrar: Straus and Giroux, 2009. (從現實政治與經濟層面討論國際救援的各種考慮，哲學與現實意義兼備)

Pogge, Thomas. *World Poverty and Human Rights*. Polity Press, 2008. (以權利論證富裕國家對貧窮國的救援責任，分析仔細的哲學論著)

運動也是哲學？

現代都市人雖然疏於運動，卻十分熱衷於觀賞各類體育運動。我們似乎對運動並不陌生，不過從哲學人的觀點看來，運動其實隱藏不少有趣的哲學課題，未必為一般人留意，下文將就哲學家帕皮諾（David Papineau）的新著《明瞭得分》（*Knowing the Score: How Sport Teaches Us about Philosophy*）的內容為基礎，略說一二。

日常中文「運動」一詞其實是個頗為籠統的講法，要清楚說明其定義需花費一點工夫。如果取最廣的定義，所有物體隨時間在空間上相對位置的改變便算運動，不過物理學並非本文的課題。若將討論範圍收窄至人類自身，「運動」可大致分為「體育運動」（exercises）和「競技運動」（sport）兩個意思。前者指的是人類的肢體活動，不過並不是所有的肢體活動都算得上是運動，例如我們大概不會認為搔癢或洗澡是體育運動。要區分體育運動與一般肢體活動，關鍵應在其目的。體育運動當然是肢體活動，但其本質在於它是一種身體技藝，即帕皮諾所言，是純綷以提升身體某種能力與技巧為目標的活動。這種想法似乎與日常用法吻合。不論游泳跑步足球等劇烈運動，或是射箭桌球等較靜態的運動，一般來說，目的不外是強身健體，或有志於訓練某種身體技巧（例如手眼配合能力或射球的準繩能

力），從而獲得滿足感的活動。

與「體育運動」對照，「競技運動」顧名思義就是有競技成份的體育運動。要留意當中「競賽」與「技藝」兩者都是不可或缺的元素。帕皮諾指出競技運動與體育運動的重要分別，在於前者以競賽為目標，即參加者志在比拼出勝負高低。要決定勝負的話，必然涉及一系列的規則，保證公平競爭，確保裁決標準的一致與合理。比方說，跑步如果單純作為鍛鍊身體的體育運動，基本上不必依循什麼規則，喜歡跑多久，以什麼裝束或步姿跑，完全屬於個人自由。可是當跑步成為競技運動時，就意味兩個或以上參賽者的比拼，大家便需要遵守相應的規則，例如不能起跑偷步，壓線動作要符合標準等等，方能合理裁決勝負。另一方面，競技運動所比拼的是「技藝」，強調的是身體的後天鍛鍊，是以單單比拼誰生得較高不是競技運動，因為身高大抵是先天決定，更重要的是不涉及身體能力與技巧的訓練於其中；可是跳高卻屬於競技運動，因為它取決於參加者的努力，從訓練中突破自身彈跳能力的極限，勝過對手。更有趣的是，競技運動不限於肢體競技，一些缺乏身體運動，但具有競技特點的腦力運動（mind sport）也逐漸被視為競技運動。例如國際象棋，橋牌甚至近年新興的電子競技（2022年亞洲運動會將以電子競技為正式項目）。由此可見，競技運動的涵義要比一般所想的複雜。

由方才提及的公平競技規則，可以轉入討論運動哲學中的道德議題。我們常常會聽到一些批評說競技運動的參

加者欠缺體育精神，或某比賽結果不公平，這些明顯都是對運動的道德要求。不過體育精神或競賽公平到底如何判斷？標準倒不是那麼容易說清楚。以最近的2018年世界盃為例，H組分組賽末輪日本對陣波蘭一戰，就引起球迷爭議。事緣當時同組同時段有另一場塞內加爾對哥倫比亞的賽事，當時日本和塞內加爾各自都落後一比零。日本隊經計算後，只要不被罰超過兩張黃牌或一張紅牌，又或不再被波蘭入球，而同時塞內加爾輸掉比賽的話，就能憑新引入的公平競技分賽制，以較少的黃牌和紅牌，力壓同獲四分的塞內加爾，次名出線。結果在下半場尾段，日本不斷在中後場橫傳，最終消極保住零比一的局面，如願晉身十六強。事後不少球迷戲謔這種放棄進攻，後場不斷橫傳，等待塞內加爾敗陣而取勝的做法，是一種以不公平戰術，鑽賽制（公平競技分）空子的吊詭式不名譽勝利。這種批評的關鍵在於對體育精神與公平競賽的理解，個人認為兩者的判斷標準相關，但不完全等同，因為體育精神所包含的考慮更多。倘若日本隊無預謀或與對手合謀賽果，無惡意犯規，無插水，最後十分鐘才明刀明槍後場傳波等時間過，其實算得上是公平競賽。不過，從競技層面上看，這樣做並沒有盡力以技術勝過對手，消極地把自己出線的命運交給同組的塞內加爾，似乎不符合尊重比賽與盡力爭勝的體育競技精神或風度。

其實運動中的道德考慮並不止於個別的賽事，競技運動作為新興的產業，更涉及宏觀的社會資源分配的公義問

題。現代足球與籃球球員的身價可說是天文數字，好像英超足球隊曼聯的球員山齊士，周薪高達四十萬英磅，折算約港幣四百萬，即月薪一千六百萬港元。同一時期香港的最低工資是時薪三十四元五角港元，如果以每天十小時，每月工作廿六天計算的話，月薪大概九千元。換言之，一個拿最低工資的工人，例如街道清潔工，大概要工作一百四十八年才相當於山齊士一個月的薪水！到底兩者對社會的貢獻，差距有這樣懸殊嗎？這種運動產業造成的巨大貧富差距是否需要規管？規管的話又會否妨礙市場自由？這些都是值得大家討論的現實道德問題。

粉絲（fandom）現象是運動哲學中另一有趣的課題。現代競技運動之所以能成為巨額產業，全賴一群支持者（粉絲）的付出。而粉絲往往有一種盲目並且排他式的忠誠（當中以足球和籃球迷為甚），難以理性解釋，帕皮諾相信分析一下甚至可發現某些形上學和心理學議題。比方說，形上學中有所謂個人身份（personal identity）的同一性問題：簡言之，當某人隨年月長大，不論身體細胞與性格記憶都變得截然不同時，他是否還是同一個人？不論答覆如何都頗具爭議。同樣道理，假設你是廿年的利物浦球迷，一旦細想這些年來球隊不論從球員、教練以至於最重要的足球戰術風格或青訓傳統的多番轉變，其實早已面目全非，到底在什麼意義下你還是支持着同一球隊？我的朋友有些是利物浦球迷，都想不到滿意的答案。於此我猜想或許帕皮諾是對的，粉絲的心理不在於尋求客觀理性的答案，重要的是透

過投入選定的對象，建立身份認同，從而賦予自己生命意義，為人生增添色彩，此說亦解釋了那些明知球隊一無是處，卻仍盲目支持的粉絲心態。粉絲的瘋狂和執著，也許只是尋求群體認同與生命熱情的另類表現。

隨著社會發展，運動已經由往時的閒暇活動，演變成社會產業，甚至於文化政治的重要項目。對運動的哲學反思，其實是從另一角度，反省個人與社會價值的走向，有其重要的現實意義。

延伸閱讀

Papineau, David. *Knowing the Score: How Sport Teaches Us about Philosophy* (and *Philosophy about Sport*). Basic Books, 2017.（以不同運動作引子，帶出相關的哲學問題，有不少新穎的觀點）

Stephen, Mumford. *Football: The Philosophy Behind the Game*. Polity Press, 2019.（展示足球運動中各種可能出現的哲學議題，行文簡潔，例子有趣）

Suits, Bernard. *The Grasshopper: Games, Life and Utopia*. Broadview Press, 2005.（為「遊戲」下一精確定義，並論證其於人類生存中的重要性，是「遊戲哲學」的必讀經典）

不平等的平等？

　　現代社會常常強調平等的重要，但觀乎人類歷史，完全平等的社會從未出現，不平等的現象倒是俯拾皆是。其實是否所有的不平等都不合理？平等又是什麼意思？下文將對平等做些簡單的概念分析。

　　「平等」（equal/equality）是個內涵豐富的概念，它可以被用作中性的事實描述，也可以是種價值判斷。例如當我說A君和B君體重相等時（英文會用equal，中文於此大概不會翻譯為「平等」而是「相等」），就是事實描述；而「法律面前，人人平等」就是一種價值判斷和要求。本文討論的將是價值意義下的平等。不過即使收窄範圍，平等這概念的內容仍然十分複雜，下文只能做最基本的分析。要了解何謂平等，必須先明白以下一組哲學上常見的區分：「平等對待」（equal treatment）與「平等考慮」（equal consideration）。前者指的是相同的具體措施，後者着眼於同等的考慮比重。一般而言，平等考慮要求平等對待，例如男人與女人政治上需被平等考慮，所以具體對待上理應同樣有投票權，而且具同等效力。不過平等考慮其實也可以要求不平等的對待。假設你有六百萬遺產和兩名兒子。小兒子很聰明，又懂得投資理財；大兒子非常魯鈍，沒什麼謀生技能。按平等對待原則，應該均分兩個兒子每人三百

萬。但如果按平等考慮，希望兩人日後可以維持相若的生活質素的話，小兒子得二百萬，大兒子得四百萬應該更符合平等考慮。由此可見，不平等的平等是可能的，因為不平等的對待可以是基於平等考慮下的合理安排。

倘若我們重視的是平等考慮，接下來的問題就是考慮的內容。從社會層面來說，平等考慮一般包括機會、地位、收入等等。就機會而論，社會上的職位和教育機會，理應對所有人平等開放。比方說，大學學位應該是所有學子都享有平等機會，公平競逐。最近日本東京醫科大學被揭發於入學試中一律扣減女考生分數，就是剝奪女性平等入學機會的惡例。但正如方才所言，並非所有不平等的對待都是錯的，關鍵在於背後的考慮，仔細而言，就是該考慮是否與當下的情況相干。如果某公司招募辦公室助理，但拒絕男性申請者，那明顯是不平等的錯事，干犯性別歧視，因為辦公室助理此職位考慮的應是申請者的文書工作能力，而性別不能決定此能力的高低。反之，假設某製藥公司招募試藥員，測試子宮頸癌新藥的效能，則拒絕男性申請者顯然是合理的，因為性別於此是最為相干的因素。易言之，社會上不平等的現象，不能一概視之為錯誤，理應逐一檢視其背後的根據才能準確判斷。

雖然不平等的平等是可能的，但亦非所有替其辯護的說法都可成立。社會上時常有一種講法，就是職位和教育機會其實已經足夠平等，不過由於職位和教育理應按才能分配，失敗的人只能夠怪自己不夠努力，技不如人。香港

人應該不會對這種論調陌生，此正是老一輩常常用以批評年輕一代的說詞。可是平等機會所要求的不只是形式上平等，例如大學學位規則上的確是公平公開，所有考獲入學資格的學生不論年齡性別種族皆可就讀，但香港社會有否提供足夠的條件讓所有學生可以真正發展其能力，公平地與其他人競爭？落選的學生是否都是不夠努力？還是根本輸在起跑線，努力也無濟於事？於此有兩點事實可作參考。第一，本港近年有關於食物通脹與貧窮家庭生活狀況的調查發現，大約六個有兒童的貧窮家庭中，有一個陷於捱餓狀態。第二，亦有研究發現，本港富有及貧窮家庭的子女，入讀大學的比例相差近三倍。調查指出因為基層學生得到的學習支援較少，影響自信心，即使能力與富有學生相若，也認為自己比別人不足，影響表現。由此可見，窮與富造成起跑點上不平等，結果是貧窮學生根本沒有足夠的條件去發展才能，先天地比富人陷於劣勢，這並不是真正意義下的平等機會、公平競爭。

其實從方才的討論可見，貧富差距才是社會不平等之母。在資本主義社會中，金錢的威力太大，是以不平等收入可以直接或間接引致機會和地位等各類型的不平等，值得進一步分析。不平等收入的壞處有很多，不過一般人或政府所關注的，多只集中在基本生活條件，例如衣食住行的影響，往往忽視了其他重要面向。其實貧窮者因資源的缺乏，與其他人相比下會嚴重影響自尊與他人認同，造成社會地位不平等，甚至難以過正常生活，情況隨貧富差距

的程度而愈發嚴重。以下是兩類時有聽聞的實例：有些青少年因貧窮而從沒有去過外地旅行，聽來是件小事，卻因此被朋友恥笑，被視為低人一等的窮鬼，這種地位不平等會影響自尊與情緒等心理健康。又例如有些中學生因家貧買不起電腦，不能上網，令其課業和社交遇到困難，影響學習。長遠可能會影響升學和求職，難以和普通人一般謀求更好的生活，到此就不僅是心理，而是客觀生活條件的影響了。

既然收入不平等會造成其他的不平等，我們要如何解決？坦白說，除非取消私有財產制度，迎接共產主義，否則收入不平等只可減輕，不能消滅。我們可以做的大概有二。首先，政府可透過富人稅，或實行最低工資，對貧窮家庭補助等，致力減少貧富差距，這些都是老生常談，不必重複。比較少人留意的方案是，假若貧富差距不能直接消滅，我們或可轉而想方法減輕其壞影響。方才提到貧富差距影響貧者的自尊、他人的認同甚至社會地位，但正如哲學家斯坎倫(T.M. Scanlon)在其《何以要關注不公平？》(*Why Does Inequality Matter?*)一書所言，這些價值其實可以從不同的價值群體獲得，而不必只向錢看。例如我有一位朋友是玩攀石運動的，在他們的群體中，地位最高最受尊重的不是年紀最大，也不是最有錢的人，而是技術最好的玩家。雖然有錢可以買更好的裝備，但有趣的是裝備差而技術好的反而更受尊重，財富於此毫無幫助。其實攀石好手可以是個窮光蛋；成功的商人可以是個差勁的棋手。如

果賺錢多是值得尊重的成就，那麼攀石技術高超或十段棋力也是一樣（這些能力其實可能更難達致）。只要社會足夠多元，此等價值群體的類型與社會認受性充足，人們自然可以從之得到成就感和尊重的補償。貧富差距之所以嚴重影響地位不平等，其實是整個社會結構與價值失衡的結果——因為錢可以買到所有東西，它就是唯一的成就與認同。所謂窮得只剩下錢，金錢的萬能與萬惡是一體兩面，當我們不再視金錢為唯一價值，貧窮便不再是原罪。因為即使比別人貧困，仍可從不同價值群體得到尊重和認同，貧窮對社會地位的影響即使不能取消，也可減低。要達到這種多元價值群體社會並不容易，關鍵當然是長遠的價值教育與社會政策。

平等社會是崇高的理想，但如果不先分析清楚什麼情況下的平等或不平等是合理的，任何行動最終只會淪為徒勞無功的口號。概念分析誠然從來不是行動成功的充分條件，但卻是必要條件。

延伸閱讀:

Scanlon, T.M. *Why Does Inequality Matter?* Oxford University Press, 2018. （詳細討論各種反對不公平的理據，是理解哲學界關於「平等」討論的好書）

Nagel, Thomas. "Equality." *Mortal Questions*. Cambridge University Press, 1979, pp. 106–127. （討論「平等」概念的各種哲學意涵，分析仔細嚴謹）

周家瑜著，《平等》，台灣：聯經出版公司，2019年。（介紹平等問題的政治、經濟、道德等不同面向，中文入門推薦）

道德勒索的悖論？

　　沒有人喜歡被勒索。但勒索，特別是道德勒索（moral blackmail），利用受害者的道德感逞其私利，卻是可恥但有用的手段。然而為什麼被勒索的人竟然因道德理由，而要聽從勒索者的不道德威脅？這聽來似乎是個悖論（paradox）。就此下文將借用哲學家凱勒（Simon Keller）於 "Moral blackmail and the family" 一文的分析，詳細說明道德勒索的定義與運作原理，然後嘗試以之分析近日香港醫護罷工所涉及的道德勒索爭議。

　　讓我們先看看以下由凱勒提出的幾則日常生活中的勒索例子：

1. 我無意中發現你有婚外情，於是威脅你把車子平價轉讓給我，否則便向你伴侶告密。你不想婚姻破裂，只好就範。

2. 有校長為擴建新校舍籌款，找到一位商人承諾捐贈一半經費。校長無法籌措餘下一半資金，於是心生一計，邀請商人到學校周會演講，然後擅自宣佈對方將全數承擔擴建費用，台下師生無不歡呼拍掌。由此校長深信商人不忍令師生失望，定必加倍捐獻。

3. 你兄長承諾帶爸爸往醫院覆診，最終卻把責任推卸給你，更要脅說診期預約困難，你不接手的話爸爸會沒

藥吃，延誤治療。最後你只好屈服，放下手上所有工作帶爸爸往醫院。

相信很多人都對以上的勒索行為反感，但原因為何？其實勒索之所以邪惡，在於強加自己的意志操縱對方，令受害者不能在公平的情況下決定自己的行動，而被迫屈服於勒索者的操縱。由此，凱勒歸納出勒索的基本運作結構：

> 有意圖的將對方置身困境，令其不得不依照你的想法而行，不然他們將承擔不願接受的後果。

按此結構，勒索可再具體分為理性勒索（prudential blackmail）、情緒勒索（emotional blackmail）、與道德勒索（moral blackmail）。三者基本結構相同，分別在於受害者「不願接受的後果」的類型：理性勒索訴諸利益上的惡果（例子1中的婚姻破裂）；情緒勒索訴諸情感上的惡果（例子2中的讓師生失望）；道德勒索訴諸道德上的惡果（例子3中的令父親延誤治療）。

雖然勒索的定義看似簡單，但現實上要判斷某行動是否勒索，並非想像般容易，凱勒對此有數點提醒：第一，勒索不必然違法。在方才三個例子中，勒索者的要求（平價轉讓汽車、增加捐款、帶父親往醫院覆診）與要脅後果（向你伴侶告密、令學生失望、令父親延誤治療），都是合法的行動。再者，勒索者不一定需要明確地表達威脅。在例子2中，校長並沒有對商人有任何威脅的言詞。最後，被勒索

的一方亦不必全然無辜。譬如例子1中，受害者搞婚外情，私德有虧。綜合以上各點，可見勒索的定義遠比想像要寬鬆，同時也代表勒索行為其實相當普遍。

明白勒索的基本運作後，讓我們集中討論道德勒索的問題。有論者指出，道德勒索其實是很吊詭的現象，受害者由於道德考慮，不得不屈服和成全勒索者的不合理要求。於此道德似乎會替勒索者對被害者施壓，會幫助勒索者得益。要解釋這悖論的成因，我認為凱勒提及的兩組概念能幫上忙：首先是道德處境（moral situation）。要判斷某行為是否道德，或某人最終的道德責任為何，不能只簡單依循單一原則，要看整全的處境，例如事件的起因、涉事者的身份、能力、義務等等。情境的改變會讓人的義務或權利更改。比方說殺人原則上當然不對，但在受到致命攻擊時，自衛殺人卻是合法合理的，原因正是我們不能只着眼「不應殺人」這單一原則，而要考慮情境的改變與更多相關原則（例如人有權利自我防衛），否則只會淪為腦殘建制支持者那種「總之武力就是不對」的謬論。另一組概念是道德事實（moral fact）與道德信念（moral belief）的分別。粗略而言，前者關乎客觀的道德原則或證據，例如某行為是否確實傷害了別人；後者指個人主觀的道德信念，卻不一定符合事實。好像你剛分手的女友突然說她已懷孕，威脅必須與她成婚，基於責任你只好應承，但其實你不必負責，因為她肚中的不是你的骨肉。由此推展，道德勒索成功與否，取決於受害者的道德信念，而非道德事實：只要受害

者「相信」除勒索者的提案外，其他都是道德上不可接受的選擇，便會屈服，那怕其實受害者的信念是錯的。換言之，勒索其實是思想操控的策略：透過操控受害者的處境，影響其情緒或信念，令他們「相信」只有按勒索者要求行動才是唯一出路。

掌握了這兩組概念後，便可以解釋大部份道德勒索中吊詭現象的成因。以例子3而言，你由於堅守照顧父親的責任而被兄長欺壓，但為什麼會有「照顧父親的道德責任要求你接受兄長推卸責任的要脅」這種因道德而反道德的結果呢？其實關鍵在於你兄長的惡意操控，使你陷入不得不屈從於他的道德困境。換句話說，完整的因果鏈應該是「你兄長的惡意操控，令你相信必須因照顧父親的道德責任而屈服於兄長的要脅」，在這個意義下其實並不完全是因道德而反道德。另一方面，應用道德事實與道德信念的分別，可以發現好些道德勒索的吊詭根本只是假象，因為受害人只是錯誤相信自己道德上應按勒索者要求行動，方才分手女友懷孕的例子就是最好的說明。

說明了道德勒索的運作後，我希望以此討論近日香港醫護罷工的事例。由於是次醫護罷工行動的前因後果，已有不少論者詳述，以下只簡單交代。事緣因中國新型冠狀肺炎疫情擴散，不少內地病者湧入本港，而港府拒不封關，令本地醫療物資短缺，醫院醫護不勝負荷。數千名醫護人員因而發起工會罷工，希望迫使港府封關與增加醫療物資，可惜罷工五日後最終無功而還。過程中有不少人認

為，港府無視不封關與物資短缺的危機，卻以醫護罷工有違天職，會令病人受害等言論作道德勒索迫令醫護復工。

如果應用前文的概念分析於是次爭議，可有幾點重要的發現：首先，為什麼政府的勒索最終成功？我認為最重要的原因，在於政府此番的勒索其實是三管齊下：同時具備理性、情緒，以及道德三項元素。從理性角度，醫護不復工勢必被秋後算賬，職位不保。論情感連繫，輿論正不斷渲染堅持上班的醫護同袍的苦況。就道德責任，不復工的確延誤了部份病人的治療。因此在堅持五日後，罷工醫護各自因應以上考慮而屈服。

雖然政府的勒索得逞，但為什麼當初工會能於短時間聚集數千名醫護罷工？原因之一在於港府於操縱道德處境上的不足。勒索要成功，必須要把受害者的動機與考慮操控得宜，否則只會拉倒。例如在例子1中，如果你要求的不是平價轉讓車子，而是一百萬現金的話，那麼對方在衡量得失後極可能會情願讓你告密。同樣道理，在今次醫護罷工事件中，勒索方（政府）必須要令醫護覺得復工是唯一選擇。問題是從理性角度出發，面對傳染力極高的惡疾，防護裝備又相當缺乏的條件下，被裁員總比染上肺炎喪命要好，復工其實不合乎個人利益，是以我們見到陸續有醫護人員請辭。如果考慮情緒，大概不少醫護對政府的不滿與憤恨早已蓋過一切，所以當初才忍心拋下對同袍的顧念而罷工。唯獨是道德的考慮，似乎由始至終都是他們猶豫的主因，這點從工會曾明言一旦疫情於社區爆發，便會立

即停止罷工，返回崗位救人的聲明中可以確證。

　　那麼醫護們其實是否應該屈服於政府的道德勒索？還是有好的道德理由堅持，甚至拉倒？我認為有兩點值得思考。第一是道德處境的考慮。為什麼香港於2003年沙士時沒醫護罷工？何以今天同樣在抗疫的台灣醫護沒有罷工？答案在於道德處境的不同。正是港府無視不封關與物資短缺的危機，才迫使醫護置身於不得不罷工的境地，因此要清算責任的話，完整的因果關係不是「醫護罷工令病人受害」而是「港府無視不封關與物資短缺的危機，迫使醫護罷工令病人受害」，請不要省略了始作俑者。第二點考慮是，到底醫護復工是有充分道德事實支持的立場？還是只是錯誤的道德信念？正如前文所言，道德勒索只需要令對方認為自己道德上別無選擇便會就範。現在政府正是動員輿論來令大眾，以至醫護人員相信復工才是唯一出路。以下讓我簡單反駁一些常見的反對罷工的理據，從而間接證明罷工的合理性：

　　有論者說，醫護的天職是拯救病人，罷工是違反天職。可是醫護只是一份職業，而不是上帝賦予你的任務。因此醫護責任是拯救病人沒錯，但你可以辭職，也可以因為任務不合理而拒絕。更重要的是現在罷工目的仍是救人——迫使政府封關與增加資源，阻止疫情擴散引致更大傷亡，上醫醫國正是此意。

　　亦有人批評醫護罷工是害怕染病。批評者認為罷工者當初投身醫護界，就要承擔職業風險，這是預先知情的合

約，不能輸打贏要，正如消防員不能因火場危險而曠工一般，可惜這種說法其實不堪一擊。雖然每個職業都有其相應的風險，但這種承擔是建基於合理的保護條件此前提下的共識。因此當初醫護入職所承諾的並不是「在沒有充分保護下不惜一切拯救病人」，而是「在有合理的保護措施與環境下，盡其所能拯救病人」。正如沒有人會要求消防員在裝備不足的情況下衝入火場，即使以「忠誠勇毅」見稱的香港警察亦不會在支援不足的狀況下介入大規模的黑社會械鬥一般。

哪怕退讓一萬步，認為醫護就算在裝備不足的情況仍需緊守崗位，但從後果而論也有更強理由阻止他們冒險。殘酷一點來說，消防員在缺乏裝備下工作，犧牲的最多只是他們與災民。可是醫護人員在缺乏保護物資，與病人不斷湧入的情況下抗疫，一旦大量醫護被感染，以他們的接觸層面之廣，犧牲的豈止他們和確診者，還有醫院內其他病人、醫護家屬、甚至乎引起社區爆發，結果很可能是場災難，全城遭殃。

從以上論據顯示，不論從醫護個人還是社會大眾的角度出發，都有一定理由支持罷工。相信復工是唯一的道德選項，只是道德勒索者輿論操控與我們未有細心反省的結果而已。

綜觀是次罷工，醫護工會後期已經由面對道德勒索演變成面對道德兩難的困局：罷工，當下的病者得不到照顧；復工，政府仍舊無視封關與資源短缺的危機，最終大

概會令醫療系統失陷，更多港人受害。不管如何選擇，總有人受傷害，醫護總會被道德譴責，這結局無疑令人惋惜。無論如何，希望透過上文的分析，能令更多人認清責任的因果鏈，停止譴責被害者，拒絕當道德勒索的幫兇，雖然這其實只是所有人最起碼的道德義務。

延伸閱讀

Keller, Simon. "Moral blackmail and the family." *Journal of Moral Philosophy*, 13(6), 2016, pp.699–719. (探討「道德勒索」的定義，同時討論道德勒索於家庭關係上的角力，分析透徹的哲學論文)

Kavka, G. S. "Some paradoxes of deterrence." *The Journal of Philosophy*, 75(6), 1978, pp.285–302. (分析道德勒索中「拉倒」策略的各種考慮，討論仔細)

Smilansky, Saul. "Blackmail: The Solution." *10 Moral Paradoxes*. Wiley-Blackwell, 2007, pp.42–49. (簡短有趣的哲學文章，從悖論的角度分析「勒索」的概念問題)

家長主義有何不妥？

　　於現代政治討論上，家長主義(Paternalism)往往是邪惡的同義詞，象徵父權、專制、蠻不講理。有趣的是，好些從政者仍然很喜歡以父母自居，強調自己愛民如子。到底家長主義是怎樣的政治理念？又是否必然為錯？下文將從哲學角度分析。

　　先從定義入手。一般而言，家長主義的基本精神就是無視對方意願，強迫對方接受一些對其有利的事物。借用哲學家德沃金(Gerald Dworkin)於線上哲學百科 "The Stanford Encyclopedia of Philosophy" 中家長主義條目的分析，家長主義式的政策(本文將集中於政策層面的討論)，有以下三項條件：

1. 政府或其他機構(下文從略)實施(或取消)政策P干預了受眾的自由或自主；
2. 實施(或取消)政策P未經受眾同意；
3. 實施(或取消)政策P，純粹由於有理由相信此舉能夠增進或保障受眾的利益。

　　由以上定義可見，家長主義最主要的弊病是違反現代政治倫理的重要價值：干預個人自由。不過其動機卻是可理解的，那就是為了對方的利益着想，是以家長主義倒不見得是全無道理。事實上即使是最崇尚自由的國家，仍存

在不少家長主義式的法例。當中最典型的例子如規定司機與乘客均必須配戴安全帶，又或禁止市民服用違禁藥物等。此等法例無疑干預了市民的選擇自由(條件1)，縱使市民不願意遵守(條件2)，而法例的用意，不在於配戴安全帶和服用違禁藥物與否會影響他人，而只為他們自身安全着想(條件3)。

按方才的分析，我們理應將極權主義與家長主義區分開來。雖然兩者實行上都不免規限人民的自由，但只有後者是出於對人民利益的重視。同樣道理，近年香港的從政者，雖然試圖掛出一副市民母親的嘴臉和說詞，但其施政大多只滿足條件1和2，而不符合條件3。換言之，他們那些打壓自由，甚至於殘民自肥的政策，其實只是以家長主義作幌子的極權管治，不可不察。

明白家長主義的定義後，接下來的問題就是其優劣。正如前文所言，家長主義規限市民的自由，因此需要辯解；但既然家長主義旨在增加或保障人民利益，反對者亦必須提出好的理由反對才合理。在政治哲學的討論上，反對家長主義的論點主要有兩種，分別是後果論式論證(the consequentialist argument)與自主性論證(the autonomy argument)。前者指出，只有市民自己才最懂得其利益為何，因此讓人們自由選擇(在不傷害別人的情況下)，才能最有效增加或保障人民利益。相反，家長主義那種代替市民做出最好決定的想法，實際上往往適得其反。情況就好像父母認為子女讀醫科是最佳人生選擇，但其實子女的願望與人生意義是當個哲學家。因此從後果而言，家長主義

根本並不可取。

　　自主性論證則不從後果着眼，而強調個人自主作為權利的重要。即使自己的決定不一定明智，但人應該擁有不容侵犯的自主權。當政府的政策干預個人自由，哪怕真的能增加或保障人民利益，但它已經無視了人民的自主：自己作為自己生命的主人，掌握自己生活不受別人操縱的權利。家長主義的毛病，正在於越俎代庖，不尊重市民的自主權。

　　面對各種批評，家長主義也發展出不同的理論回應。其中最重要的是由法律學者孫斯坦（Cass R. Sunstein）等人於《因何微推？》（Why Nudge? The Politics of Libertarian Paternalism）一書提出的微推理論（nudge theory），有時又稱為「自由主義式家長主義」（Libertarian Paternalism）。所謂微推理論，是嘗試在不規限選擇自由的情況下，透過「選擇設置」（choice architecture），引導市民選取對自己最有利的行動。此中的關鍵在於什麼是「選擇設置」。它其實是一種設計方向，企圖將事情的選項以不同的方式表現，好像改變選項的數目與次序、選項的初始設定等手法，從而影響消費者的選擇。現實中「選擇設置」的例子有很多，比方說餐廳的菜單，將高價的菜式放於當眼的位置，廉價菜式則排列於不起眼的角落，就是希望引導食客選擇的常見手段。可是與一般商人為求私利不同，微推理論是以市民利益為依據，當中的重點有二：首先，微推是以不禁止或減少選項，以及不嚴重改變行動模式的前提下，以選擇設置

的手段引導市民選取對自己最有利的行動。再者，微推式的干預是市民能夠以低成本的方法輕易避過的。以第一點為例，為着市民的健康，政府會指示超級市場將水果和蔬菜放於當眼位置，把加工肉類置於食物架的角落(改變選項的次序或位置)，卻不會禁止超級市場售賣加工肉類。按第二點原則，政府如果相信退休供款計劃能保障市民利益，會強制全民自動參加(改變選項的初始設定)，但可讓市民隨時無條件於網上取消登記，選擇退出，這樣才算是真正的微推措施。

至此可以明白微推理論為何又稱為「自由主義式家長主義」。微推政策並沒有干預個人的選擇和自由，所有決定最終還是基於市民自己的意願，卻又能引導市民選取對其最有利的行動。換言之，微推理論可以免卻傳統家長主義的缺點，同時保留其可取之處。事實上不少外國政府相當認同微推理論，認為是政府與人民的雙贏方向。例如英國政府自2010年就設立 Behavioral Insights Team (BIT)；美國政府亦有所謂Nudge Unit，具體研究與執行微推政策。

雖然微推理論有其吸引力，但不少自由主義者仍然反對。當中最嚴重的指控，是認為微推政策有操控人民之嫌。微推政策雖然沒有禁止或減少我們的選擇，但它透過選擇設置，利用人類心理與決策上的慣性，引導市民做出政府想要的行動。這種操控為什麼不能接受？自由主義者認為它依然犯上前文提及的傳統家長主義的毛病。首先，微推理論仍舊預設了管治者比市民更理性明智，更清楚市

民自身利益。但正如後果論式論證所言，大部份情況下，我們有理由相信市民自己才最懂得其利益為何。再者，它也不尊重市民的自主性，企圖以較軟性的手段操控市民的選擇。

除此之外，我們還有更多的理由反對微推理論。首先是微推政策影響的範圍，往往比傳統家長主義式的法律更廣。一般法律只會消極地規限市民不能做什麼，微推式操控卻積極地誘導市民的決策，方才超市佈置所引導的飲食選擇就是一例。另一方面，基於微推政策的特性，政府很容易濫用它來達到其他目的，同時能瞞天過海。比方說，選舉事務處可以在選舉小冊子的設計上動手腳（例如次序和顏色），引導市民的投票意向。問題在於這種微推政策，比明文規定的法律或具體行動（例如剝奪候選人資格）難以發現得多，人民往往受其擺佈而不自知。由此看來，自由主義者對微推理論的憂慮其實不無道理。

或許微推理論用得其法的話，可增進市民利益，但歸根究柢，好的父母應該放手讓子女過自己的人生，理性的政府亦應盡量給予市民自由，避免操控。更何況主權在民，從政者若以父母自居的家長主義治國，最終只會落得被思想獨立的子女揚棄的下場。

延伸閱讀

Sunstein, Cass R. *Why Nudge? The Politics of Libertarian Paternalism.* Yale University Press, 2015.（介紹微推理論的定義與應用，相關討論的奠基論著）

Dworkin, Gerald, "Paternalism." *The Stanford Encyclopedia of Philosophy* (Summer

2020 Edition), Edward N. Zalta (ed.), forthcoming URL =<https://plato.
stanford.edu/archives/sum2020/entries/paternalism/>. (詳細交代家長主義
的種種議題，內容全面)

Mill, J.S. *On Liberty and Other Essays*, edited by John Gray, Oxford University Press,
1991. (西方自由主義的哲學經典文獻，反對家長主義的代表作)

喬治·歐威爾著，徐立妍譯，《一九八四》，台灣：遠流，2012年。（西方
經典文學作品，描述極權家長主義社會的政治小說，深刻而富想像力）

武力抗爭也是義務？

自雨傘運動以降，香港的大型社會抗爭運動愈趨激烈，但基於各種原因，關於抗爭的討論，大多仍着眼於溫和非暴力型式的「和平抗爭」（civil disobedience）之上。一旦涉及肢體衝突，往往就被大眾譴責為暴力、非理性與不道德。為何涉及武力的抗爭必然為錯？哲學家戴密詩（Candice Delmas）去年的新著《抵抗的義務》（*A Duty to Resist: When Disobedience Should Be Uncivil*），正嘗試打破這種迷思：論證面對不公義的政制和法律，抗爭不應限於和平一途，武力手段同樣是合理而正當的，更是市民的政治責任！下文將介紹其想法，為抗爭提出「和理非」以外的理據，供大家思考當下香港抗爭運動的走向。

先釐清一些重要概念。細心的讀者定必留意到，上文把「civil disobedience」翻譯為「和平抗爭」，這與中文界通行將之譯作「公民抗命」的做法不同，原因在於將「civil disobedience」翻譯為公民抗命，嚴格來說並不準確。中文的「公民」原意指市民（citizen），公民抗命應指市民基於公利而非私慾，爭取合理政治改革以及公眾認同的違法抗爭，也就是一般所言的「違法達義」。由於公民抗命是指市民有原則而合理的不服從運動，對應的概念應是戴密詩書中提出的「principled disobedience」。在此定義下，按手

段的不同，可再分為文明的、和平的(civil)與非文明的、武力的(uncivil)抗爭兩大類，前者才是準確意義下的「和平抗爭」(civil disobedience)，後者則可稱為「武力抗爭」(uncivil disobedience)。可惜正如戴密詩所言，受羅爾斯(John Rawls)的和平抗爭理論與歷史上著名的民權運動，例如馬丁路德金的和平不合作主張所影響，西方學界在討論公民抗命時，往往只考慮和平手段(中文世界亦是如此)，無視武力抗爭的可能，誤將和平抗爭直接等同於公民抗命的全部，才會有此概念混淆與翻譯失誤。

到底和平抗爭與武力抗爭的差異為何呢？從具體內容而言，和平抗爭大抵需符合公開、和平、承擔刑責等條件。比方說，市民集體不交稅或和平靜坐阻街皆屬典型例子。與之相反，武力抗爭往往是匿名、破壞性、逃避刑責的(不必符合全部條件)。好像破壞公共設施、武力還擊、甚至暴動和革命，皆在此列。最近香港示威者蒙面攻佔立法會與破壞警局就是一例。要注意的是武力抗爭不限於物理破壞，黑客入侵、竊取與暴露機密資料都可被視為其中一員。

關於翻譯還有一點不可不提。語言建構現實，基於中文的語境，我認為「uncivil disobedience」絕對不應翻譯為「不文明抗爭」或「暴力抗爭」。不文明或暴力是指沒有正當理由的行動，兩者皆為貶義，武力則是中性的字眼。在抗爭理論中，「uncivil disobedience」指的是面對不公義政權的合理武力反抗，武力的運用雖然一般來說是錯誤的，

但在對抗不義的情況下往往有所例外。反之，暴力的是不義的法律和政制，故此武力抗爭不是「以暴易暴」，而是「以武抗暴」！此舉絕非咬文嚼字，而是正名，道理實與孟子「聞誅一夫紂矣，未聞弒君也」之說雷同。

討論至此，我們終於可以交代戴密詩的基本立場：在相對而言公義與民主的政制下，市民基於道德理由（下文會指出四種），有政治責任遵守法律。但當政權和法制變得不公義時，市民按同樣的道德理由，也有責任採取合法或違法的行動和平抗爭。戴密詩在此基礎上再進一步指出，如果我們承認有道德理由證明和平抗爭是合理的話，按相同理由亦能證成武力抗爭。支持和平抗爭的理由，其實同樣要求市民有責任武力抗爭。換言之，至少在特定情況下，拒絕武力抗爭，就是放棄履行道德責任的錯誤行為。

認為市民有武力抗爭的責任，可說是相當新穎而且激進的講法，到底有什麼理據，一方面能支持我們遵守法律，又竟然可以同時證成和平與武力抗爭的責任？戴密詩於書中列出了四項原則，分別是「公義責任」（the duty of justice）、「公平責任」（the duty of fairness）、「撒馬利亞式責任」（Samaritan duty）與「群體式政治責任」（Associativist accounts of political obligation）。篇幅所限，以下只能就首兩類提綱挈領簡介一下，有興趣的讀者請務必找原著細閱。

第一項原則是「公義責任」。根據羅爾斯等人的想法，每個人與生俱來都是自由與平等的個體，合理的社會政治體制，以至社會上所有人，必須承認並保障之。當身

處的社會大致公義時，市民有道德責任遵守法律，維持公義社會的穩定，令大家能自由與平等地生活。倘若社會體制（變得）不公義時，我們按相同理由就有責任建立、協助和改善它。「公義責任」既要求我們遵守法律，但也命令我們改善和反抗不公義的惡法，維護自身以至其他人的自由平等。

　　基於「公義責任」，當以下情況出現時，市民就有責任抗爭：首先，政府不尊重個人平等與自由，無理剝奪公民的基本社會參與權。於此最容易聯想到的例子，就是政府無理取消部份人的參選資格。此時如市民持續依法參選，就是變相認同不義的制度，違反「公義責任」。反之，市民有義務杯葛，甚至妨礙選舉進行，例如武力佔領選舉票站，阻止不義延續。第二個不公義的狀況是政府部門持續的不當行為。戴密詩舉出美國司法部門與警察執法時對黑人的不公為例。於此可以早前香港元朗與北角的黑社會恐襲中，律政司與警察的表現代入。如果警方不能履行保護市民的職責，甚至反過來以過度武力攻擊民眾，民間自衛（Vigilantism）就是合理的武力抗爭 —— 面對大規模的法制外的暴力，市民斷無坐以待斃之理（黑社會是不會向和平的市民妥協的），只能以武抗暴。雖然此舉會使用違法武力傷害別人（哪怕對方罪有應得），看似錯誤，但其實是「公義責任」所要求，因為武力自衛的最終基礎，就是承認每人皆有平等不被侵害的權利。最後，戴密詩認為當政府意圖隱瞞與公眾利益相關的重要資料時，基於平等知情權

與公益，相關人士(例如公務員)有責任暴露資料，但這往往只能以違法手段，如破壞保密條款或入侵政府資料庫獲得(遊行是不可能令政府自曝其惡的)，美國的水門事件與早前的斯諾登事件就是最好的示範，未知其他國家的公務員有否道德勇氣效法？

另一項原則「公平責任」指向的是市民的合作關係。社會提供安全穩定的生活環境，保障個人財產與各種權利，凡此種種皆依賴所有市民共同維繫，包括納稅、守法等等。市民既從社會合作得益，因此亦有義務貢獻一分力量，分擔責任，這是市民彼此間相互的道德責任。任何毫不付出而坐享其成的人，亦即搭順風車的人(free rider)，就是把自己的利益看得比別人的更重要(而沒有合理原因)，道德上都是說不過去的。

對應以上思路，戴密詩認為「公平責任」在兩種不公平的社會基本合作模式下，會要求市民和平或武力抗爭，重奪各人被公平對待的權利。一是出現剝削模式(exploitative scheme)，制度上不合理地令部份人比其他持份者的付出遠超其所應得。例如馬克思所言資本主義下的無產階級，即是香港的一眾基層工人。另一種是傷害模式(harmful scheme)，意指對合作群體外的成員施以懲罰式的傷害，例如男性對女性或同性戀人士於工作或社會參與上的排斥。戴密詩強調，既然「公平責任」是市民彼此間相互的道德責任，那些既得利益者，例如地產商，其實也有責任拒絕從剝削或傷害模式獲利，並致力反抗與改革此等

制度，否則就是搭了別人的順風車，違反「公平責任」。即使閣下無意領受這些不應得的好處，但沉默而不反抗，其實與認同無異，不見得能置身事外。

假設我們同意得益者應拒絕從剝削或傷害模式獲利，實踐上該怎麼辦？戴密詩指出得益者有三種方法停止獲取不應得的好處，分別是退出、補償與改革。要退出不平等的社會合作模式，往往只能移民，並不容易實行。補償雖然看似合理，卻有兩個重大缺點：首先補償並沒有真正根絕剝削或傷害，更麻煩的是補償往往會加強不公平制度的合理性，令人產生一種「補償了就沒事」的錯覺，正當化自己的行為，並不可取。是以根據排除法，就只剩下改革一途。那麼如何能令改革變得可能呢？最有效的方法就是反抗制度，令公眾覺醒，並對政府施壓。要達致此等目標，戴密詩認為抗爭手段理應多管齊下，由日常的、個人的不合作，到激烈的群眾罷工、示威或佔領，各自分工合作，才有望成功。

戴密詩一再強調，「公平責任」要求舊有制度的得益者與受害者同時起來抗爭，原因有二。從實利角度出發，雙方皆能從抗爭中有所收穫。得益者在抗爭成功後，雖然不能再從剝削或傷害模式獲利，但道德上不需再被譴責，不必為社會唾棄。受害者則在抗爭成功後，可重新獲得公平待遇，足見這是雙贏的方案。由道德觀點來看，得益者當然如前所述，有道德責任拒絕不應得的好處；但當得益者承擔責任，投身抗爭大業時，受害者亦不可袖手旁觀，

否則也會淪為搭順風車之徒，坐享別人的抗爭成果。要知道抗爭者需要面對風險，而抗爭成功的話，公平制度是全體市民也能受惠的，故此受害者其實亦責無旁貸。個人認為戴密詩最後這點可謂發人深省，香港人長久以來不斷被特權階級剝削欺壓，身受其害，卻仍有不少人不參與或支持抗爭，坐等年輕人的抗爭成果而恬不知恥，實在令人唏噓。

或許不少行動派會認為戴密詩建基於道德證成的論點太學究和離地，不值一提。於此我想起最近廣為流傳的運動口號：「當獨裁成為事實，革命就是義務」，說到底當中代表的其實亦是種道德訴求。縱使你不認同抗爭需要道德證成，但為武力抗爭提供堅實的道德理據，指出和平與武力抗爭源出一轍，至少能開拓某些守舊道德主義者對抗爭的想像，也為勇武派提供多一重的抗辯理由，總不能算是壞事。所謂兄弟爬山，各自努力，大概就是此意。

延伸閱讀

Delmas, Candice. *A Duty to Resist: When Disobedience Should Be Uncivil.* New York: Oxford University Press, 2018.（探討武力抗爭的道德合理性，引起廣泛討論的創新論著）

Brennan, Jason. *When all else fails: The Ethics of Resistance to State Injustice.* Princeton University Press, 2018.（以「武力自衛」的角度證成武力抗爭甚至暗殺，立論偏鋒但不失洞見）

Rawls, John. *A Theory of Justice.* Cambridge, MA: Harvard University Press, 1971.（書中55–59節為討論「公民抗命」時不可不提的奠基哲學文獻）

國界應否開放？

　　由年前伊拉克與敘利亞難民湧入歐洲，到最近世界各地因應新型冠狀病毒而致的封關潮，再次引起了國家應否開放邊界的討論。絕大多數人認為，是否接受非本國公民入境與居留，完全是國家主權所控制，政府大可因應情況封鎖邊界，並沒有道德義務接受任何入境者。可是也有論者堅信，基於道德理由，所有國家其實應該開放國界，讓人們自由移居。下文將分別簡述支持國界開放的哲學家卡雲斯 (Joseph Carens) 與反對者米拿 (David Miller) 的論點，助大家深入思考國界的相關爭議。

　　任何討論都必須建基於一定的共識才有意義，因此先讓我劃定討論範圍與共同預設。首先是命名：姑且將支持開放國界的人稱為「開放論者」，而反對國界的人名為「保守論者」。接着是立場的澄清：借用卡雲斯《移民的倫理》(*The Ethics of Immigration*) 一書中的分析，討論國界應否開放，當然預設了國界的存在。事實上雙方的立場從來都不是完全取消國界，而是國境開放與封鎖的時機與理由之爭。在極端情況下必須封鎖或開放邊境，這是毫無疑問的。例如即使開放論者也不至於會反對國家阻止恐怖分子與嚴重罪犯入境；保守論者大概亦同意國家有人道責任接收一定數量生命受威脅的難民。是以雙方的分歧其實在於

除極端例子外，一般情況中保守論者認為國家有權完全閉鎖邊界；開放論者則堅持正常情況下國境理應開放予所有人移居。最後是討論的預設：有三點基本原則是彼此同意的：（一）制度是可改變的。任何政治制度都不過是人為的產物，絕非不可動搖，因此所謂國界不可更改或逾越，只是口號。（二）所有人道德上理應平等。（三）不論個人或政府，如要限制別人自由時，需有合理解釋。總括言之，我們是在自由主義的基礎上，從理性與道德的角度探討國界問題於原則上的爭議。

第一種支持邊界開放的論據是關於土地的所有權。有別於中國「普天之下，莫非王土」的思想，西方傳統普遍相信地球所有土地，是人類共同的資源，無人有權阻止其他人取用。米拿在《我們中的陌生人》（*Strangers in Our Midst—The Political Philosophy of Immigration*）一書曾分析這種想法，並分為三種不同版本，以下介紹其中一種：「聯合擁有論」（joint ownership）。在此概念下，全人類作為一整體，共同擁有、管理、決定地球土地如何分配運用。情況好像商業上股東們共同擁有與決定公司政策一般。由此，法國或美國無權獨自決定封鎖其土地邊境，而應由全人類一致同意才可。由於我們可預期那些希望移居的人會反對封鎖，因此在欠缺全人類共識之下國界必須開放。細心反省，此說其實預設了某些國際決議機制，否則共同管理只是空談。問題是現實根本沒有如此的國際組織存在，就算

有也不見得能找到具體可行的集體決議原則，因此米拿認為「聯合擁有論」並不可取。

「開放論者」的重要代表卡雲斯指出，國界開放的兩大主要理據是「平等機會」與「自由移動的人權」，兩者都着眼於先進國家對落後國人民開放入境的義務，先談談前者。在國家內部而言，原則上我們都致力於國民享有「平等機會」：每人是根據其才能與努力而獲得相應的社會地位，個人的出生因素如性別、種族、階級在此都是不相干的。這種堅持，正是信守前文提到的(二)「所有人道德上理應平等」下的產物。可是要獲得平等機會，首先你要有前往那些實行平等的區域的自由。由此延伸，國界，就是追求平等機會的障礙之一。卡雲斯作了以下的類比：在封建社會，貴族純粹由於身份而佔據社會高位。相反，奴隸哪怕如何有才幹和努力，礙於出身都沒法上流。貴族們更會限制奴隸的行動自由，阻礙他們追求平等機會，保障自己的優勢不受動搖。現在富裕國家的普遍人民正好比中世紀的貴族，就算不怎樣努力已有不錯的生活；落後國家的人就像當年的奴隸，因出生地點這種道德上不相干因素而缺乏機會改善人生。如果富裕國家現在封鎖國界，行徑其實與中世紀貴族限制奴隸追求平等無異。當然，國界只是引致國際不平等的原因之一，但開放邊界確實能減輕跨國不平等。因此道德上我們應對落後國人民開放入境，令其可有追求合理生活的機會。

對「平等機會」的反駁大抵有三點。第一，要幫助落後國家人民爭取平等機會，直接援助（例如資金或教育人材）不是比讓他們自由移居更有效率嗎？就此卡雲斯認為最簡單的回應就是兩者並行不悖。進一步而言，開放國界甚至可以令援助更直接有效。近年其中一種針對跨國援助的批評，就是我們難以控制資源流到別國後，是否真的能令難民受惠，還是被中飽私囊。現在讓他們入境，正可跳過第三方的轉折，不就更能夠確保善用資源嗎？是以直接援助似乎不足以反對國界開放。其二，米拿等保守論者提出「精英外流」（brain drain）論證來說明「平等機會」的問題。從現實情況考慮，開放國界反可能加劇第三世界的不平等。為什麼呢？即使發達國家願意開放邊界，但貧窮國中並非所有人皆有能力離開，結果只會令當中相對有資源或能力的專才大規模出走，拖垮本土的經濟與服務，最終令剩下來的低下階層，生活與各種機會（教育醫療法律援助等）進一步受損，這樣不是與原初追求平等機會的意圖背道而馳嗎？因此米拿強調，「平等機會」不能只着眼於有能力移居的人。一旦放眼於其他人士，或許開放國界並不是帶來「平等機會」的最佳方法。此亦可引申至反對者的第三點理據，就是入境開放對目標國的壞影響。任何國家民族，都有其文化與核心價值，是社群的身份認同與穩定的基礎。如果不對入境者做任何限制，勢必損害目標國本土社群的生活與機會。試想像如泰國這佛教國家湧入大量天主教和無神論者，彼此間生活習慣、文化價值的衝突會演

變成怎樣的社會動盪，以至影響本地人的教育或就業。於此近年來受大陸入境者困擾的香港讀者，定能明瞭當中的苦況。總括而言，方才兩點都是開放論者暫時未能完全回應的現實問題。

除「平等機會」外，「人權」亦是國界爭議的焦點所在。就此支持與反對雙方有非常繁複的討論，以下只簡述某些重點。開放論者卡雲斯自言其論證策略為「懸臂論證」（cantilever argument），即從既有的、大家同意的人權，邏輯地推導出延伸的相關權利。具體而言，是從國內的自由移動權開始。根據國際公約，任何人都享有於所屬國家境內自由移動的權利，這是沒有人會反對的立場。境內移動的理由有很多，可以是家庭團聚、找尋理想工作、到更好的學校進修等等。自由移動權正是行駛這些權利的必要條件，因而受到保護。但這些境內移動的理由同時亦適用於跨境移動(到外國升學或團聚的例子俯拾皆是)，故此將之延伸，這些理由同樣可以證成跨境自由的權利。既然如此，除非你相信「國界」本身道德上相干，否則承認境內移動權卻拒絕跨境移動權，立場並不一致。

要回應「懸臂論證」，最直接的方法是指出國內與跨境的類比不當。米拿認為兩者不能直接比附的原因有二：首先是代價的差異。權利是會彼此衝突的，比方說，因應找尋更好工作的權利容許你從廣州移居北京，當然會影響北京原居民的工作權益。是以權利作為一整體的計算，需要找出平衡點。在國家內部的情況，政府比較容易以政策，

在合法與不損害其他權利的情況，例如增加稅收或社會福利，來降低移居的誘因，從而減輕壞影響。但於跨國的情況下，由於落後國移居先進國的推動力極大（因為兩國的人權狀況差距太大），後者除非願意自我淪落為次人權國家來降低吸引力（但此舉代價太大），否則入境控制似乎是唯一可行的管制措施。由於兩種情況控制的代價差異太大，米拿因此堅持有理由容許國內而拒絕國際間的移動自由。

除了代價，亦需考慮影響的程度。容許境內移動權的目的，是為了令其他相關權利得以實現。一旦缺乏境內移動自由，人民將被困於原生地區之中，沒有任何合法手段移往權利較佳的地方。不過在國際層面上，情況便大大不同。即使美國不開放國界，印度人仍可選擇其他國家移居。故此拒絕開放國界，不見得阻礙了他們追求各種人權。

那麼米拿是否真的駁倒了「懸臂論證」呢？在我看來這些回應並不完全成功。關於控制代價的問題，卡雲斯大概會說，國界開放不應該是保障落後國人民權利的唯一手段。只要其他直接改善落後國人權的措施成功，國與國的人權狀況差距收窄，屆時那怕開放國界，人口流動亦不會如想像頻繁（要知道移民涉及人生重大改變，非必要下很少人會輕易動身），對目的國的影響也不會像預期般嚴重，那麼也不需要搞什麼違反人權降低吸引力的自我犧牲。另一方面，我認為米拿也低估了國界封鎖的現實影響。回到方才印度的例子，現況是不單美國，全世界基本上沒有國家於一般情況下開放邊境。所以說印度人可於其他國家追求

人權，其實是無視現實的空談。只要想想印度有多少無辜的女性困於極度打壓的環境下而無處可逃，便會明白當中的張力。

方才的討論或許未能就開放國界與否達成共識，但相信有助我們反思箇中的考慮，於此讓我借用卡雲斯兩個有趣的想法作結。首先，他說我們普遍不會認為美國拒絕加拿大人入境需要解釋，反會質疑加拿大人何以有自由進出美國。但如果自由是基本價值的話，那麼倒應該是限制自由，而不是行駛自由，才需要理由解釋與證成，可見大部份人都未必把國界問題想得那麼清楚。另外，儘管現實上所有國家開放邊界並不大可能實現，但挑戰現有制度的理據，提出其他可能，從來都是文明改革最重要的第一步。

延伸閱讀

Carens, Joseph. *The Ethics of Immigration*. Oxford University Press, 2013.（支持開放國界的代表作品，因立場大膽而引起學界廣泛討論）

Blake, Michael. "Distributive Justice, State Coercion and Autonomy." *Philosophy and Public Affairs* 30 (3) 2001, pp.257–296.（論證對本國人民與外來者有差別對待的理據，論說嚴謹）

Miller, David. *Strangers in Our Midst–The Political Philosophy of Immigration*. Harvard University Press, 2016.（反對開放國界的新近作品，詳細回應各種質疑，內容全面的佳作）

馴化的假愛？

　　有云狗是人類最忠誠的朋友，永遠不會離棄你，以下是一則著名的事例：1924年，日本東京帝國大學(現東京大學)教授上野英三郎養了一頭名為「八」的秋田犬。八公(後人因其忠義而尊稱為八公)每天都會在傍晚的時候到澀谷車站迎接主人下班。一年後上野因病離世，然而八公依然風雨不改，每天到澀谷站等候主人歸來。最後八公堅持了十年，直至身故。此事後來廣為傳誦(更多次被改編成電影)，澀谷車站前更有八公的銅像，紀念其忠義。此等狗狗的忠誠行為時有所聞，亦往往令不少人感動，可是狗對人類的感情，其實算是真正的愛嗎？

　　與大眾的意見相左，我認為狗對人類的感情，其實不太算得上是愛。理由在於任何被嚴重強迫下的感情，都不是真正意義下的愛，或充其量只是次一等的愛。要支持此立場，有兩點需要解釋：首先是狗狗對人的感情為什麼是被嚴重強迫所致；其次是怎樣衡量何謂真正的愛。

　　先就強迫的感情此點而論。愛狗人士或會反駁，他們從來沒有強迫其狗狗愛自己，但其實這不是個人層次的問題，而是從整體物種角度下的判斷。對動物演化史稍有認識的人都知道，狗這個物種本身並不存在，而是人類從狼改造馴化而來。大約在一萬年前，我們祖先為了生活，挑

選一些較為溫馴、合群與服從的狼加以訓練，再選擇繁殖，不斷重複此程序，最後演化出狗此一物種，而狗的忠誠與愛正是我們刻意操控的結果。換言之，狗對人類的忠誠與服從、甚至於所謂無私的愛，在千年的馴化下已內化為本能，成為不由自主，無從選擇的盲目傾向，甚至於凌駕其生物最基本的求生本能。我在網上曾經看到這樣的故事：某農戶有朋友到訪，主人為了設宴款待，打算宰掉自家的黃狗來個狗肉鍋。於是農戶把黃狗喚來，一棒子打在頭上，黃狗頭破血流，不明所以只好往山上跑，於遠處徘徊。此時主人再次叫喚，黃狗雖然驚恐，最後卻也服從命令歸來，結果當然是一命嗚呼。這個故事大概是假的，但我相信類近的事例一定存在。天底下大概只有狗會不顧生命危險仍服從人類命令，試想像你這樣對待獅子的話，看牠不把你撕成兩半才怪。兩者的分別當然是由於狗是馴化動物，而獅子是野生動物。由此可見，狗對人類的愛很大程度是人類製造出來的產物，已是其無從選擇的本能。

　　狗的馴化是歷史事實，難以否認。但即使感情是強迫所致，我們仍須要問：這種被內化強迫，無從選擇的感情，為什麼算不上是真正的愛？或許讀者不一定同意，我認為愛的最重要本質之一(不是唯一)在於自由選擇，讓我以例子說明：假設你有一位甘願為你付出所有，熱戀中的男朋友。有天你發現他之所以對你一往情深，其實是你父親對他從小學開始就施以洗腦教育之故。至此你還會說男朋友真的算是愛你嗎？我猜想大部份人都會說不。要留意

即使是洗腦教育，身為人類，你男朋友其實仍有自由意志，仍可能選擇不愛你。但在狗的情況，這種洗腦已進行了一萬年，成為其不可抗拒的生物本能！因此如果你認為男朋友的例子不算是愛的話，按理狗的情況更難稱之為真愛。

可是細心一想，父母對子女的愛，或是戀人之間的愛，都有出於生物本能的部份，不見得完全自主，難道它們也不算愛嗎？這是個很有力的質疑，以下只能做兩點回應。首先是程度深淺問題，誠然，父母或戀人的愛有其生物本能的基礎，並非全然自決。但與狗的情況比較，強迫的程度實不可同日而語。正如方才洗腦男朋友的例子一般，父母或戀人其實仍有自由意志選擇不愛你，現實上也有不少虐待子女的父母和粗暴對待伴侶的戀人。反之，狗攻擊主人的例子當然存在，但就遠比忠誠服從的要少得多，這大概是狗情感被迫而來的最佳證明。其次，如果同意愛的最重要本質之一是自由選擇，那麼按自主程度而論，我們大可承認父母或戀人的愛仍不是最理想的愛。這種說法看似極端，卻非毫無道理。世人最為推崇，認為最可貴的愛，大都是一些捨己救人，超越本能的大愛，例如德蘭修女等。相較之下，順從母性或求偶本能的感情，不是低一個檔次嗎？(當然父母或戀人的愛可以升華，那是後話)順此思路，狗這種嚴重被迫的情況亦自然更低一層。

對很多人來說，承認狗對人的感情是被迫所致，並不容易。為什麼我們那麼希望狗(甚至於其他動物)會愛自

己？其中很重要的原因是「化人主義」（anthropomorphism）的心態作祟。簡言之，化人主義是指用人的特質形容非人的事物，例如動物。人們將幻想投射在動物身上，認為牠們深愛自己，從而獲得情感的回報。問題是人類若用自己的想法強行解釋動物的沉默，其實只是霸權，並不能讓人更認真對待不能好好表達自己的動物。因此正確的態度是放棄「化人主義」，以具體物種相關的自然歷史、知覺與學習能力、生理結構為基礎，認真拓展對動物的理解。就算我們永遠不能直接經驗動物的感受或得知其想法，但至少可以掃除一些不恰當的假設。

對於絕大部份愛狗之人來說，以上的質疑或許有點挑釁意味。要澄清的是，我無意說人和狗的感情一無可取。事實上每位主人與其狗狗具體的相處經歷而培養出來的感情，都有其真實的一面，狗狗亦無意圖與能力做情感騙子。但情感有多真實，與情感是否被迫，或情感是否可貴，雖然相關卻不等同。更重要的是，愛應該建立於真相之上，我們理應客觀評斷狗對人的情感本質與其因由，從而思考清楚彼此的關係。退一步而言，其實就算狗狗只是被迫地愛你又如何？所謂愛到深處無怨尤，儘管明知對方並不愛你，卻仍無怨無悔地付出，才是最真摯可敬的愛。

延伸閱讀

Wohlleben, Peter. *The Inner Life of Animals: Love, Grief, and Compassion: Surprising Observations of a Hidden World*. Vancouver; Berkeley: Greystone Books: David Suzuki Institute, 2017. (記述動物真實生活與心理的作品,平實易懂)

Roberts, Alice. *Tamed: Ten Species That Changed Our World*. London : Hutchinson, 2017. (討論人類馴化動植物的種種,最後更指出人類亦是被馴化的一員,淺白有趣的科普作品)

陳燕遐、潘淑華編,《「牠」者再定義:人與動物關係的轉變》。香港:三聯書店有限公司,2018年。(題材廣泛的文集,從文學與倫理學兩方面討論人與動物的關係)

寵物的悲劇？

　　動物從來都是人類凌虐的對象。不過有些動物似乎比其他動物更平等。實驗室中的，農場上的，動物園裡的，都是悲慘的生活。唯獨是寵物，一群被人類圈養在家的小東西，卻過着截然不同的幸福生活。不過這只是表象：寵物面對的苦難，往往不比其他情況下的動物少，整體來說，寵物飼養是令動物受苦的不道德行為。

　　熱愛動物的主人或會反駁，他們無微不至地照顧寵物，雙方過着幸福生活，說寵物飼養不道德實在匪夷所思。沒錯，主人寵物雙贏的例子當然不容否認，但我說的不是微觀的個別行為，而是從宏觀的角度分析整個寵物飼養活動而下的結論。如果仔細觀察，自會發現從寵物的生產，入手的途徑，飼養的環境，相處的方式等，每一環節都對動物有不同程度的傷害，而且極難避免，從動物整體而言，受苦的例子遠比快樂多，因此如果我們真的關心動物福祉，不合乎道德就是最合理的結論，可惜一般人只着眼自己和其寵物，才見樹不見林。篇幅所限，下文將根據潔西卡(Jessica Pierce)的著作《學會愛你的寵物伴侶》(*Run, Spot, Run: The Ethics of Keeping Pets*)的內容，提出一些重點供大家思考，對象亦只能集中於貓和狗兩種最常見的寵物。

　　一般而言，獲取寵物的途徑不外兩種：領養或購買。

前者的問題不大，暫且不論。購買寵物涉及的問題則最少有兩個：其一是寵物的生產方式，也就是馴化與配種的後遺；其二是入手的途徑，即是市場化買賣，而兩者是互相影響的。先談前者，如果大家有逛過寵物店，定必見過滿店的可愛寵物。坦白說要成為買家被愛的對象，首先當然要外型討好，即是可愛。除此之外，性格還要溫馴服從，但天底下哪來這麼多內外兼備的貓狗？那當然是配種改造和大量繁殖而來。雖然有人會說，馴化、配種與改造動物已有數千年歷史，並非第一天出現，但此回應一則犯了謬誤，「自古以來」不代表正確，過往的錯不能證立今天的罪；二來並沒有真正了解現況，那就是改造正變本加厲，遺害比以往嚴重。比方說摺耳貓就是最知名的悲劇主人翁，可愛外表伴隨的是骨骼與關節等遺傳病，但受歡迎的「貨品」就是要大量生產，做生意才懶理畜生的死活！為了外形上的喜好，製造有缺陷而痛苦的生命，就是市場化買賣的必然結果。緊接的問題還有供需引致的大量生產與遺棄。動物繁殖場為了降低成本而如何虐待動物，相信不用我多作說明。那些困於籠中，滿身毒瘡無人理會，還要被迫交配至死的動物慘況，以及事後被當次貨捨棄的下場，都令人不得不反對這些寵物衍生產業的存在，而治本的方法，當然就是中止需求，放棄飼養。

方才的問題源於動物買賣，但即使是領養的寵物，回到家中亦不一定活得更好。虐待、遺棄寵物的主人比比皆是。年老生病就被棄之不理的寵物有多少，看看各類動物

收容所長年滿員的情況就可明白。就算幸運地不被遺棄，有多少主人認真考慮飼養環境的重要？現代都市的飼養環境基本上是狹小空間下的圈養。比方說狗隻，其天性就是好動（貓會好一些），有養狗的都明白狗隻放風時的興奮與困在家時的沮喪。但有多少主人有足夠空間給予牠們？更遑論那些乾脆把貓狗困於屋中籠子的慘況。除活動空間外，動物也需要社交和外來刺激。留在家中的寵物有多少時間可以與主人，甚至其他同類互動？很多主人大概連每天遛狗也未必做得到。動物心理學家早已指出，長期困養，缺乏活動會令動物情緒低落焦慮，進而影響健康。你真的肯定牠們活得比其他社區動物更自由更快樂？

如果困養不行，放養會更好嗎？可不一定！現代都市環境危機四伏，汽車、有毒垃圾滿街，更不要提那些虐待動物的狂徒。你放貓狗出街，就相當於置其於刀鋒邊緣，倒不如困在家中還安全點。而說到放養，可以分享一則有趣的新聞：澳洲某些社區因為放養的家貓太多，將附近的原生鳥類殺得片甲不留，竟有絕種之虞。我猜想貓主們萬萬想不到養貓會破壞生態平衡。可見不論困養或放養，都要面對傷害寵物（或其他動物）的兩難。

或許再退一步，假設閣下善待寵物，又不是典型的香港人，受土地問題困擾，家逾萬尺，寵物有足夠活動空間和同伴，那還有沒有問題？答案是有。首先，不少主人其實是空有愛心而欠缺智力，往往疏忽照顧而不自知。最常見的例子莫過於過量餵食令寵物痴肥生病；較弱智的例如

曾有主人替肚瀉的狗隻塗藥油醫肚痛而延誤治療，令人哭笑不得。

　　寵物擬人化亦往往是災難的來源。於此讓我先說個故事：話說朋友曾經擔心家中肥貓單獨一隻寂寞，考慮領養多一隻添伴。問題是，貓真的懂得寂寞？我們當然知道貓狗等腦神經較發達的動物能感到快樂、憂傷或恐懼，但寂寞卻是更高階的情緒：要求高度的自我意識與判斷力，因此害怕貓兒寂寞可能只是一廂情願而已。其實大部份主人都習慣將寵物擬人化，此舉可算人之常情，背後涉及複雜的心理結構和情感依賴關係，在此未能詳述。麻煩的是擬人化很多時候會引致不恰當的對待，傷害寵物而不自知。例如很多主人會將貓當成人類兒童般打扮，替其穿衣，但貓其實需要經常舐毛清潔，衣服對貓只是妨礙。不過這還算是小事，更嚴重的例子是有素食主人希望其貓更健康而只提供素食，致其營養不良。要知道貓與人不同，肉食動物是不可能茹素的(這其實是常識吧？)。這些思慮不周的舉措，顯示的是典型的人類中心主義——想當然的把人類的喜好應用於其他物種身上。就好像那些頑固家長，只從自己的喜好安排而不理會子女的真正需要。這亦正是很多空有愛心而不用腦袋思考的主人的共性，可憐最終受害的只會是動物。真正的愛必需建基於理解，實踐於恰如其分的對待，而不是幻想對方成為自己心目中的模樣。對動物如是，對人亦如是，但常識往往就是缺席。

　　生為動物，如果遇上好主人，生活或許比在街上流浪

要好；另一方面，寵物對主人心靈上的安慰亦是難能可貴的經驗，這些都是不容置疑的好處。但考慮到上述各種有意或無意的傷害（事實上還有很多問題未能談及，讀者有興趣可參考結尾的延伸閱讀），加上大量缺乏愛心或智力的主人，寵物飼養更多時候只是製造悲劇，功不抵過。可是歷史不能重來，在馴化動物大量存在的今天，棄之不理並不在道德選項之列，飼養寵物也只能是迫於無奈的最少之惡。但我們必須緊記，每一隻幸福寵物的身後，是更多不幸待救的生命。

延伸閱讀：

Pierce, Jessica. *Run, Spot, Run: The Ethics of Keeping Pets*. Chicago : The University of Chicago Press, 2016.（討論與寵物相關的道德議題，內容全面，寵物倫理學的入門推薦）

Grimm, David. *Citizen Canine: Our Evolving Relationship with Cats and Dogs*. Public Affairs, 2014.（從個人、家人與公民三方面討論寵物地位的演變，思考動物議題的現實社會面向之作）

Herzog, Hal. *Some We Love, Some We Hate, Some We Eat*. HarperCollins, 2010.（從社會學、心理學與哲學等多角度討論人與動物的關係，內容豐富，例子有趣）

虛偽的素食者？

　　但凡任何主張或行動，日子久了總可能變質，惹人批評。數年前網上流傳一段名為"If Meat Eaters Acted Like Vegans"的影片，片中一位肉食者對身旁的素食者冷嘲熱諷，態度令人討厭。此片段正是以模仿手法，諷刺一些自以為站在道德高地，惡意批評肉食者的素食混蛋，片段點擊率迄今已逾千萬，可見不少人認同。目中無人的態度固然可恨，但正如共產主義與共產主義者的落差一般，有時候只是人的問題。以下將嘗試列出坊間對素食主義常見的質疑，並逐一回應，好讓素食者與反素食者免卻無謂的爭論。

　　為什麼近年素食主義者數目大增？大體來說，一般人茹素的原因，不外乎四大類：宗教、健康、環境保護和道德。好些宗教都會禁止教徒食用（某些）動物，例如佛教主張不要殺生，回教徒不吃豬肉等等。考慮健康的人則相信肉類，由於脂肪與膽固醇含量偏高，是引致高血壓與心臟病等疾病的主因之一，因此選擇吃素。不過除宗教與健康理由外，更多的人是出於環境保護和道德考量而茹素。由於飼養動物需耗用大量的食物、土地和能源，同時造成水源污染與碳排放等問題，從環境保護角度來說並不是合理的選擇。就道德而言，主要有兩派主張，分別是效益主義

與權利論。簡略而言，前者認為所有具感受能力，即能感受痛苦與快樂的生命，皆有利益可言。道德的目標就是增進所有對象的利益，亦即增加快樂，減少痛苦。動物既然有感受能力，便理應是道德考慮的群體，不應殺害。權利論者則不從利益着眼，而是相信動物有其權利，例如基本的生存權利或不被傷害的權利，背後的原因是相信有意識的生命皆有其內在價值，不容別人侵害。另一方面，素食主義也不是鐵板一塊，而是類型繁多的選擇，例如全素（不吃任何動物以及與動物相關的食品如雞蛋牛奶）、魚素（不吃任何動物除魚類和其他海產）、蛋奶素（不吃任何肉類但會進食動物相關的食品如雞蛋牛奶）等等，按理由各有取向。比方說，佛教強調不殺生，因此傾向全素或蛋奶素。效益主義者只在乎痛苦與否，所以仍然會吃無脊椎動物（相信其無痛覺能力）如貝殼類或蛋奶。粗略明白以上分類，將有助大家理解下文的問答。

問：動物只是畜牲，吃牠們有什麼問題？為什麼要考慮牠們？

答：於此最直接的回應有兩點。首先，從宗教、健康、環境保護和道德的角度考慮，我們都有理由拒吃動物，上文已有交代，不再重複。另一方面，質疑者似乎有種「動物與人類無關」的想法，但其實動物與人類的福祉息息相關，姑且在此枚舉數例。從歷史而論，人類文明的發展與動物的參與關係密切，最明顯的例子莫過於狗、牛與馬。得力於狗與牛的勞動力，人類才能由狩獵遊牧轉為

城邦定居。依靠動物提供的肉食，當初人類才有足夠糧食支撐人口上升。馬匹更是人類在蒸汽機出現前最重要的交通工具。既然動物對人類文明貢獻良多，而現今社會我們亦已有更好的勞動與食物替代品，那麼何必再殺害動物呢？換言之，善待動物不是施捨，而是補償。再者，動物的濫捕與食用，往往得不償失。豬流感、瘋牛症都是食用飼養動物的副產品。最近的新型冠狀病毒，很可能亦是食用野生動物之禍，終令全球多達數百萬人感染，死傷枕藉。最後，現代人飼養寵物風氣盛行。對於飼主而言，寵物已經成為生活的重要部份，甚至是家庭成員，有不可分割的身心連繫。以上的例子都顯示，動物對人類的影響其實相當深遠，甚至會左右我們的存亡。

問：即使人類應該考慮道德，但這只適用於具道德能力的群體之間。動物並無道德意識，根本無須與之談道德。

答：這種想法十分普遍，卻經不起什麼考驗。這個批評的預設有二：第一，動物沒有道德；其次，我們不用對沒有道德的生物談道德，兩者皆值得質疑。首先，動物是否真的沒有道德呢？近年來不少動物學家都反對此說。其實不少動物例如貓、狗、牛、羊和鯨魚，都會保護子女和同伴，亦會對同類的死亡感到悲傷，明確顯示動物的道德能力。退一步說，即使對方沒有道德，也不能直接推論出我們不必考慮其利益。試想想，嬰兒未有道德意識，植物人再無能力實踐道德，難道就可以隨意傷害嗎？換言之，如果我們的原則是「只與有道德能力的個體」談道德的

話，那麼嬰兒與弱智人士、植物人等都會被排斥於外，相信這不會是批評者所樂見的後果。

問：就算素食有一定道理，但某些素食者（例如魚素）拒吃豬和牛，卻吃魚和其他生命，還不是雙重標準、虛偽的表現嗎？

答：是否雙重標準，要看背後的理據。如果是出於不想殺生或保護環境而選擇魚素，無疑會自相矛盾。不論豬、牛還是魚都是生命，飼養牠們都會破壞環境，並無明顯分別。倘若某人是因健康理由而不吃紅肉，但仍希望攝取動物蛋白質所以進食海產類的話，那他其實並沒犯上雙重標準的毛病，是以上文才花費篇幅簡介茹素理據與類型的關係。當然，從保護動物的角度來看，最理想的做法莫過於奉行全素，此亦大概是批評者的真正用心。不過從現實角度考慮，也有理由為非全素者辯護。茹素，以至於動物保護運動，都是與人類過往的生活方式截然不同的改變。要脫離千百年來的習慣，不是朝夕可致。因此非全素者其實可視為素食目標中的一個升進階段。由魚素到蛋奶素以至全素，由愛護貓狗到其他動物，慢慢向理想前進，由近及遠，從易至難。比起一步登天的嚴格要求，循序漸進的方式更符合人性，更容易為人接受。

問：素食者自相矛盾！植物也是生命，如果（全）素食者拒絕殺生，那就連植物也不要吃好了！

答：佛家有云：「佛觀一缽水，八萬四千蟲」。即使是強調不殺生的佛教，也明白就算一簞食，一瓢飲都免不了

傷害其他生命，要完全不殺生，其實不太可能。所以批評者不過是在打稻草人，因為從來沒有素食者的目標是「完全」不殺生，現實上亦無法達致。細菌也是生命，難道我們生病感染時不吃抗生素嗎？更重要的是，就算依批評者所言連植物也不吃，你還是會傷害生命，那就是自己：因絕食而死。故此就如自我防衛是正當的傷害理由一般，為了自身的存亡，我們不得不進食其他生命，而植物相對於動物而言，明顯是傷害較低的選擇，故此素食可以說是有合理論據的「最少之惡」。

生命的存在本身，必然會傷害他人。素食主義的目標，就是盡力把傷害減至最少。是否陳義過高？也許如此。但志不求易，事不避難。只有不淪為自以為是、動輒貶損他人的道德怪獸，而是動之以情、說之以理的話，素食主義才可能走得更遠。

延伸閱讀:

Singer, Peter. *Animal Liberation*. New York: HaperCollins, 2009.（素食主義以及動物解放運動的經典，被視為西方動物解放運動的哲學奠基作品）

Baggini, Julian. *The Virtue of Table: How to Eat and Think*. Granta Books, 2014.（以哲學分析各種飲食傳統和文化，觀點新穎有趣）

Regan, Tom. *The Case for Animals Rights*. University of California Press, 1992.（論證動物有其內在價值與權利，因此不容侵害與食用。動物解放運動的另一重要哲學論著）

Zaraska, Marta. *Meathooked: the History and Science of Our 2.5-million-year Obsession with Meat*. New York: Basic Books, 2016.（從歷史、文化、心理學、社會學與生物化學等角度剖釋人類何以食肉，內容十分豐富）

人類憑什麼？

　　一直以來，我們都被灌輸人類是萬物之靈，動物則是次一等的想法。這種觀念在日常語言中有非常確切的展現，例如我們會責罵品格低劣的人為「豬狗不如」，侮辱黑人為「猴子」等等。簡言之，動物就是低賤，人類卻很高尚。到底人類是否真的比其他動物優越？是的話又憑什麼？

　　認真讀過歷史的朋友應該知道，「人類比其他動物優越」絕對不是天經地義、自古不變的真理，而是社會建構的產物，歷經多次演變。比方說，很多遠古的部落文化就有視動物為神明崇拜的信仰，古埃及文明更認為太陽神——拉（Ra）可化身成貓，是以貓是神聖的生物，殺害貓的下場是死刑。澳洲大陸的土著，更相信人與動物是平等共存的生命。由此可見人類並非一開始就自信立於生物的頂峰。學界認為，人比動物優越大概是一萬年前，人類開始馴化動物後才萌生的想法，其後再經由西方基督教文化「人類是上帝的恩寵，管理山河萬物的代理人」與啟蒙運動強調人類理性等理論的洗禮下，逐步鞏固而來的結果。

　　處理「人類是否比其他動物優越」這個問題，其實應該從三方面分析，分別是概念、事實與價值三個層次。首先要探討的是概念問題，到底「優越」是什麼意思？以什

麼標準判斷？於此有幾個可能的答覆，其一是生物的身體能力。按此標準，人類大概處於生物界的中游水平。我們的五感、肌肉的反應與力量，都比很多動物遜色。相較起來，獅子野熊才是更強大的生物，人類沒什麼可自豪之處。另一個容易想到的標準是道德。中國人經常罵人蛇蠍心腸、禽獸不如，其實是種人格批評。背後的假設是人有道德而動物沒有，因此我們是更文明更優越的生物。可是近年來不少動物學家都質疑此說。據他們觀察，很多動物例如貓狗和鯨魚，都會保護子女和受傷的同伴，亦會對同類的死亡感到悲傷，另外也有實驗顯示猴子會對食物分配不公有相應的公正意識，在在顯示動物以往被忽視的道德面向。其實網上有不計其數的視頻，記錄了各式動物的道德行為，懷疑者可自行收看與判斷。反之，人類雖肯定有能力行道德，但現實上品格高尚的人只在少數。此消彼長下，從道德的觀點看，人類的表現不見得一定更佳。倘若體力或道德都不足以稱道，那麼人類還有何可恃？答案似乎就是智力。人類得以主宰地球，憑的就是發達的大腦，以此發明和製造工具。更重要的是優秀的抽象思維與語言能力，令人類能夠靈活溝通，組成龐大的社群共同合作，發展出各種制度和科技，主宰世界。與動物比較，智力似乎是人類表現最好的一環，也大概是說明人類比其他動物優越的最佳答案。

假設我們決定以智力作為標準，下一步就是事實層面的探究。到底人類的智力是否真的比其他動物優勝？以往

我們對此深信不疑，但動物行為學家與認知科學家近年有新的看法，其方向可歸納為以下兩點。首先，新的實驗結果顯示動物於不同的認知測試上都有勝過人類的驚人表現。比方說記憶力這種傳統測量人類智力的重要元素，法蘭斯・德瓦爾（Frans de Waal）的新書《你不知道我們有多聰明：動物思考的時候，人類能學到什麼？》（*Are We Smart Enough to Know How Smart Animals Are?*）中就記載了一個有趣的記憶力實驗。他們把名叫阿步的猩猩置於電腦觸控螢幕前，螢幕先以極短時間隨機顯示數字一到九，然後數字會被白色方塊遮蔽，阿步需要重新在螢幕按下正確的數字順序。經練習後阿步可以準確排出只閃現五分之一秒的九個數字的順序，而目前還沒有人類能突破這紀錄，足見其瞬時記憶力遠超人類。即使不談和我們相近的靈長類動物，以一般來說被認為較低等的鳥類和蜜蜂來說，研究證實其對空間的認知處理能力，亦肯定比人類優勝。這些例子都說明動物的認知能力不一定比我們差。不過更重要的是，現今認知科學家傾向認為不同物種的智力其實難以簡單共量。歸根究柢，什麼是智力呢？過往大都定義為語言、抽象思維和推理能力，但這種以人類智能上的特點作為衡量的標準，其實只是人類中心主義（anthropocentrism）。從演化的角度看，抽象思維和推理能力不能幫助鳥類飛行和捕食，反之，空間的認知處理對陸上群居的人類來說並非首要任務。每個物種都因應其生存條件，重點發展出對應合適的認知能力，我們可以說某認知能力對特定物種的生存

來說更有用與否，卻沒有絕對共同的高低可言，是以跨物種的智力比較其實意義不大。話雖如此，相信仍有人會反駁，人類的確憑藉優異的抽象思維和推理能力創造出各種制度和科技，統治所有生物，成為最終的勝利者。所以如果從「效果」着眼，這是才最重要的認知能力。由此標準判斷，人類智力亦顯得更高，從而比其他動物優越。這個反駁雖有一定道理，但必須補充一點，那就是文明發展並不是人類以智力獨力發展的結果，沒有動物的協助（試想像如果古代沒有豬牛馬，就不可能有足夠糧食和運輸工具），單憑人類自己是難以走到今天的。換言之，人類的勝利很大程度是建基於動物身上的，不要抹殺牠們的功勞。

或許從結果論判斷，人類可能比其他動物優越，但這於價值判斷上有何意涵？很多人認為，既然是優勝的物種，則我們有權恣意對待其他生物，這不過是順從弱肉強食的森林法則，並無不妥。但認真思考的話，信守這個原則後果可是很嚴重的。設想有一天你於街上被人搶劫，大概你就不應該再有任何抱怨，因為劫匪只是依循弱肉強食的森林法則而已，並無不妥。於此讓我們來個思想實驗：假設A君是知名年青學者，B君是個犯案累累的中年重犯。A不論體能、學識與道德修養都比B好，大家是否同意A有權恣意虐待B呢？相信大家都不會贊成，因為能力上的高低不必然代表權利或道德考慮的輕重。同樣道理，即使人類比其他動物優越，也不代表有權恣意控制或虐待其他生物。於此我並不是指人類必須與其他物種完全平等，只是

希望指出能力與權利並無必然關係。進一步而言，如果人類真的自詡為更優越的生物，那麼對待其他生命時卻回歸動物界弱肉強食的森林法則，某程度來說不又是種自我貶抑嗎？

　　史蒂芬‧平克(Steven Pinker)在《人性中的良善天使》(*The Better Angels of Our Nature: Why Violence Has Decline*)一書曾說，人類文明進步的重要指標，就是我們的暴力正逐步減少，而道德關懷的對象亦逐步擴大，動物正是當中受惠的一員。要說人類比較優越，我不完全反對，但我深信所謂的優越，不在於你有能力做什麼，而在於你做了什麼。

延伸閱讀:

De Waal, Frans. *Are We Smart Enough to Know How Smart Animals Are?* New York: W. W. Norton & Company, 2016. (探討動物行為與認知研究的科普作品，內容淺白有趣)

DeMello, Margo. *Animals and Society: An Introduction to Human-Animal Studies.* New York: Columbia University Press, 2012. (從文化研究的向度探討人與動物關係的各種議題，題材豐富，是上佳的入門教科書)

謝曉陽著，《馴化與慾望：人與動物關係的暗黑史》。香港：印象文字，2019年。(以「慾望」與「非人類視角」討論人與動物的關係，書中更有不少中港台的現實例子，中文入門推薦)

世界

信則有不信則無？

　　朋輩間的聚會，偶爾會談到風水命理或占星鬼神之說。每當支持與反對的朋友爭持不下之際，總有人會報以一句「信則有不信則無」解困。其實「信則有不信則無」是什麼意思？又有何根據？坦白說，這句說話也許比風水命理更需要解釋，下文將嘗試分析其各種可能的意思和回應。

　　如果從字面意義分析，「信則有不信則無」大概是指某人相信某東西，就是它能夠存在的既充分又必要的條件，或曰人類的主觀信念，可以直接創造或消滅事物的存在。換言之，如果你相信外星人存在，就可令外星人存在；你不相信的話，便會令其不在。這種想法合理嗎？我們可從「信則有不信則無」的不同對象來分析。

　　如果「信則有不信則無」當中相信的對象是指外在物理世界的事物，則明顯是無稽之談。人類的心靈何時變得如此厲害，可以直接改變物理定律，創造事物？難道電腦能夠正常運作，是根據我們的信心？不相信它就會失靈？外星人能否存在就在我們一念之間？這想法其實不啻自比上帝，神說有光就有了光，狂妄不已。退一萬步而言，就當信念可以決定外在事物的存在，但如果某信念對象X，同時有人信與不信，到底X能否存在？比方說，A君相信外星人或鬼神的存在，B君反之，那麼外星人或鬼神存在還是不

存在？還是既存在又不存在？抑或由相信人數多寡決定？

其實「信則有不信則無」的支持者或許對人類心靈與外在世界兩者的關係有多少誤解，於此心靈哲學上有所謂「direction of fit」一說可供參考。按此理論，信念（例如知識）的特性是「mind to world」，即信念旨在符合外在世界的實況。信念的目標是真理，而真假取決於其內容是否與世界相符。比方説「我相信香港有五千萬人口」，要判斷此信念的真假，就看香港人口事實上是否剛好達五千萬。反之，慾望的特性是「world to mind」，即慾望是要求世界的情況改變來符合自身想法。例如當我有慾望擁有世上最大的鑽石，意思就是希望現實世界中（而不是夢中），最大的鑽石的為我所有。由此可見，信念本身不但不要求改變客觀世界（但信念所引發的行動可以），信念本身的真假倒要根據客觀世界的狀況而定。相信「信則有不信則無」，從根本方向上就不太合理。

但我們也許不宜過於輕視信念的力量，倘若把「信則有不信則無」的對象限制於個人精神層面，那麼這想法就並非毫無根據。從個人經驗出發，我們都知道信念能夠影響人的精神情緒，甚至生理狀態，安慰劑效應（placebo effect）就是最有力的實例。簡單來説，安慰劑效應是指病人雖然獲得無效的治療（例如服用無效的藥物，也就是安慰劑），但由於他們「相信」治療有效，其症狀仍然得到舒緩的現象（要注意的是只有一部份的人有此效果）。研究認為，病人「相信」治療有效能產生放鬆反應，從而促進身

體的自我療癒，並舒緩一些感受性質的症狀，例如頭痛、胃痛、壓力等。根據不少醫學研究記載，信念的心理效果不只正面，也可能有壞的影響，這正是所謂的反安慰劑效應(nocebo effect)：病人不「相信」治療有效，可能會令病情惡化。更有趣的是，在某些案例中，即使明知道自己服用的是安慰劑，仍有一部份病人會有正面的安慰劑效應！哈佛大學曾有一實驗，隨機把慢性背痛患者分成兩組，同時接受傳統疼痛治療，但其中一組會再服用安慰劑，並會於事前直接告知他們這措施。結果安慰劑小組依然比另一對照組獲得額外的療效！從以上的研究可見，信念雖不能影響外在物理世界，卻能於個人精神層面左右某些東西(例如痛症)的存在，因此「信則有不信則無」於此意義下似乎仍有一定道理。

　　雖然以個人精神層面詮釋「信則有不信則無」或許比較合理，但這終究不是「信則有不信則無」的一般用法。以現在相當流行的「水星逆行」(簡稱水逆)一說為例，很多人相信「水逆」期間會影響人們的情緒與人際關係。設想小明不是「水逆」客觀效用的忠實支持者，而是說「水逆」是「信則有不信則無」，他到底是什麼意思？一般而言應該是以下兩點：1、如果你相信「水逆」能影響你的情緒與人際關係，它就能影響你的情緒與人際關係；2、如果你不相信「水逆」能影響你的情緒與人際關係，它就對你毫無影響。1和2兩者都是指出「水逆」這「客觀現象」能否影響某人的條件(信與不信)。但如果按上文從個人精

神層面詮釋「信則有不信則無」，即信念只能影響個人精神的話，那麼即使小明真的感受到「水逆」對他的影響，其實也不會是「水逆」這「客觀現象」影響了他(因為信念其實不能控制水逆這「客觀現象」是否存在，或能否影響人類)，而是3、「你相信水逆會影響情緒與人際關係」這「主觀信念」影響了你的情緒與人際關係，以及4、「你不相信水逆會影響情緒與人際關係」這「主觀信念」令它對你毫無影響。1和2這一組與3和4的一組，其因果關係完全不同。前一組是現象影響心理，後者是心理影響心理。因此嚴格來說，小明「信則有不信則無」的想法仍然是錯的，因為最終影響小明的就只是他自己(3和4)，而不是他的本意：水逆現象本身引發影響(1和2)，換言之這其實不過是自我應驗預言罷了。當然，那些能夠接受或本意是3和4的人，則不在以上批評之列。

上文或許並未窮盡「信則有不信則無」的所有意思，但希望借以上分析，帶出清晰與確當思維的重要，不要被一些時常掛於口邊但意義不明的說法蒙混過關。

延伸閱讀

Schick, Theodore and Lewis Vaughn, *How to Think About Weird Things: Critical Thinking for a New Age* 7th ed. McGraw-Hill, 2014.（批判思考的上佳入門書，內有不少具體的案例分析）

Humberstone, I.L., "Direction of Fit." *Mind*, Vol.101, No. 401, 1992, pp. 59–83.（關於 "Direction of Fit" 的哲學論文，詳細交代其意義與演變）

Smith, J. C. *Pseudoscience and Extraordinary Claims of the Paranormal – A Critical Thinker's Toolkit*. Wiley-Blackwell, 2009.（很好的科學哲學入門書，運用不少偽科學與超自然的例子探討科學的真正內涵）

薩諾斯沒有做錯？

　　自電影《復仇者聯盟3 —— 無限之戰》與《復仇者聯盟4 —— 終局之戰》上映以來，其中廣為人所討論的無疑是故事中的反派薩諾斯（Thanos）以及其消滅宇宙一半人口的「救世計劃」。與一般反派不同，意外地有不少人認同其主張，外國的社交媒體上更有大量網民打出"#thanosdidnothingwrong"（薩諾斯沒有做錯）的字句以示支持。其實薩諾斯的想法涉及一些重要的哲學、政治與經濟問題，下文將從動機以至手段分析，看看到底薩諾斯是否真的沒有做錯？

　　先簡單交代背景：薩諾斯是泰坦星人，其母星因為人口增長以致資源短缺，最終毀滅。薩諾斯為免其他星球重蹈覆轍，決心承擔拯救蒼生的重任。既然宇宙資源有限，人口卻不斷增長，削減人口就是避免宇宙滅亡的唯一出路。是以他不惜一切收集六顆寶石，最後成功於彈指間消滅全宇宙一半的生命，欣然迎接回歸平衡的世界。以上雖為電影橋段，但其實人類歷史上一直以來也有類近的思潮。比方說，第三世紀神學家特魯利安（Tertullian）就認為瘟疫、饑荒、戰爭等災害，由於能減慢貧窮人口的增長，其實是對人口過剩的貧窮國家的祝福。十八世紀亦有所謂馬爾薩斯主義（Malthusianism）的興起，主張人口膨脹最終

會導致糧食危機，社會失衡。只有以道德手段，例如提倡禁慾、晚婚或絕育；或等待自然方法，比如瘟疫、饑荒，才能令人口重回均衡點。不過與以上的主張相比，支持者認為薩諾斯的想法更為優越。具體而言，他們說薩諾斯的動機大愛而無私，其手段則慈悲、公正和有效。從動機而言，薩諾斯的計劃只為蒼生的續存而非私利，是大愛的表現。為此他甚至忍痛親手殺死自己最愛的養女，而計劃成功後也沒有利用寶石謀求一己的財富、權力或力量，反而摧毀所有寶石，足見其無私。手段上，薩諾斯選擇以仁慈的方式執行其「屠殺」，讓一半人口無痛化灰，隨風而逝。選擇犧牲者時則隨機(random)決定，沒有外形、種族、階級、財富權力等一切形式上的歧視，公平公正。最後，蒸發一半生命也似乎是解決人口過剩最快速有效的方法。綜合以上各點，可見薩諾斯並沒有做錯！

　　就我看來，薩諾斯其實做得很錯，以下將就論者所言的大愛、無私、慈悲、公正和有效各點逐一回應。支持者說薩諾斯大愛而且無私，從其親殺養女與摧毀寶石的行動來看，無私似乎沒太大爭議，但是否大愛倒值得疑問。仔細想想，如果薩諾斯愛惜宇宙蒼生，又何以能忍心消滅一半生命？更重要的是，被消滅的人並非自願。一方面說愛人，但同時又不理其意願而殺之，似乎難以說得上是真正的愛(有論者會反駁說這是無可奈何的必要之惡，下文會說明其實有更好的救世方法)。薩諾斯這種為了心目中的正義而不惜一切的行徑，與其說是大愛，似乎更類近於自我感

覺良好，妄顧他人感受的自以為是罷了。

退一步而言，即使薩諾斯的動機有大愛無私的一面，其手段也值得質疑。首先，支持者認為他隨機殺人的方法，體現了公平公正。可是完全的隨機真的就等於公平？讓宇宙中的生命全部承受同等的被殺風險是否公正合理？要回答此等問題，我們必須先區分無偏私（impartial）與公正（fairness）兩者。簡單而言，無偏私指的是判斷不涉及對任何個體的偏袒，一視同仁；公正則是個相對複雜的概念，但其中重要的元素是讓所有人得到其應得（deserve）的。由這對概念引申，其實薩諾斯的隨機殺戮算得上是無偏私，因為此法對所有外形、種族、階級的人一視同仁，卻不見得公正。假設香港政府面臨破產，需要向一半市民加徵五千元稅款，你認為隨機抽出一半市民徵收的方法是否公正？無疑這做法沒有偏袒任何人，但我猜想應有不少反對聲音，原因在於不同人士的經濟能力、家庭狀況等其實都理應被考慮，例如赤貧人士就不應和巨富承受同等的被徵稅風險。如果你同意以上說法，按同樣道理，世上有些人不斷破壞環境，傷害他人；有些人則致力保育，拯救蒼生。你認為他們有同等機會被消滅，是彼此都應得的結果嗎？由此可見，隨機只能算是無偏私，卻不一定公正合理。事實上有更多比隨機選取更公正，更能判決各人應得為何的原則，以下是兩個可能的選項：其一，以歷史為基礎，按個人過往行為篩選，優先消滅往績不良的壞人，例如破壞社會和環境的罪犯，而不加害一直致力保育，拯救蒼生的

善人，這是一般人樂見的善惡果報原則。其二，以未來為基礎，考慮個體對將來世界的影響，好像環保分子或反生育主義者等，由於他們存活下來對世界資源的虛耗較少，因此不必被殺。那些道德淪喪或智力低下的人，破壞世界的機率較高，是以大可放棄，這是着眼於未來的精英主義思維。當然，以上建議讀者不必同意，只需明白其實仍可能有比隨機原則更公正的方案便可。

薩諾斯曾自言其計劃是慈悲的，因為所有被殺的人都不受折磨，無痛化灰，隨風而逝。我認為這種講法有兩個問題：首先，無視對方意願而殺害之，即使過程快速無痛，也很難說是慈悲。再者，這種無痛化灰的手法就算是對被殺者最後的慈悲，卻對倖存者殘忍。歸根究柢，薩諾斯的計劃是要令蒼生得以續存和生活得更好，人口減少只是手段，而不是目的。倘若人口減半，但倖存者生活變得更悲慘，似乎並不符合慈悲大愛的目標。看過《終局之戰》的人都知道，在半數人口消失多年後，世界(至少於地球)仍然處於創傷後遺之中，倖存的人走不出自責與罪惡感的陰霾，與失去親人至愛的悲痛。如此悲慘的世界很明顯不會是真正對世人慈悲的人所樂見。是以在《終局之戰》結尾，薩諾斯亦後悔說早知如此，當初倒不如消滅所有人，重新創造一個人口較少而且沒有記憶的幸福新世界，才是正確的方案！

或許薩諾斯支持者認為，即使削減宇宙一半生命不一定慈悲，也總算是解決人口過剩的快速有效之舉。可惜，

企圖以此解決人口過剩與資源不足，很明顯是治標不治本的。懂一點社會學和統計學的人都知道，人口與資源問題涉及多項因素，例如人口基數、人口增長率、宇宙資源的基數、分配效率與其消耗速率等，絕非簡單的將現有人口削減就可解決。其實網上已有不少相關而且專業的社會學和統計學討論，讀者可自行搜查。就我看過的資料而言，基於各項變數的不同設定，即使薩諾斯將人口減半，短則十年，長則數百年，宇宙人口便會重回現狀，薩諾斯就要復工，再次舞動其手指。換言之，人口減半根本不是長治久安之計，薩諾斯的計劃其實過於短視。那到底有沒有其他更好的方法？基於劇情描述無限寶石接近無所不能，我認為有以下替代方案：不必殺害任何生命，但令所有生物的生育成功率降低，準確調整至與整體死亡率同等（或略低）的水平，似乎便可以最低程度的犧牲（降低生育成功率），保持人口與資源的平衡。可是薩諾斯卻不採取這些方案，要不他未能設想這種方法，那就是智力不足；要不他就是想到，但覺得殺人比較簡單痛快，那就是心腸歹毒。無論答案如何，他的選擇都難言正確。

個人認為薩諾斯不見得是個壞人，甚至有其可敬之處，但不管為惡為善，空有理想、熱情甚至實力，但欠缺周詳思慮，最終難免失敗收場。要總結薩諾斯之錯，或許就在其沒有好好動腦筋而已。

延伸閱讀

Malthus, Thomas Robert. *An Essay On The Principle Of Population*. Penguin Classics, 2015. (馬爾薩斯主義的奠基文獻，討論人口政策的經典)

Garrett, Hardin. "Living on a Lifeboat." *Social Ethics: Morality and Social Policy* 7th edition, edited by Thomas Mappes & Jane Zembaty. Boston: McGraw-Hill, 2007, pp. 443–449. (論證富裕國家不應拯救貧窮國家的哲學文章，立論大膽)

Parfits, Derek. "Overpopulation and the Quality of Life." *Applied Ethics*, edited by Peter Singer. Oxford University Press, 1986, pp.145–164. (經典的人口倫理學論文，討論人口與人均生活質素之間的關係，與其可能出現的悖論)

其實人生遠比你所想的痛苦？

對很多人而言，人生的價值取決於生活質素的高低，痛苦的人生不值得繼續，快樂的人生則反之。問題是人生到底是苦是樂呢？一般來說答案理應因人而異。哲學家班奈特(David Benatar)卻於《人類的困境》(*The Human Predicament: A Candid Guide to Life's Biggest Questions*)一書大膽指出，雖然現實上人們的生活質素各有高低，差異也相當顯著，但如果認真審視，便可發現客觀而言，所有人的人生其實遠比所想的痛苦。下文會介紹他的理據並簡單回應，讓讀者思考。

說人生遠比我們所想的痛苦，想必會遇到很多反對聲音。現實上不少人真心覺得自己活得幸福，旁人有什麼理據質疑？於此回應可分為兩部份，首先是說明一般人對自我生活質素的評核都不可靠，然後是證明為什麼客觀而言所有人的生活都是苦多於樂。對於第一點，班奈特提出一些人類的心理機制為理據，以下會簡介其中兩種，分別是樂觀偏誤和適應能力。近年來不少認知心理學研究指出，人們普遍會高估自己的快樂水平，認為自己的生活比大部份人要好(但這明顯是統計學上不可能的)。這種樂觀偏誤的成因之一，是人較容易記住開心的往事，而忘掉不快的過去，此其實與人類抑制傷痛記憶的心理自我保護基制有

關。當然，樂觀偏誤的程度會隨不同文化和社會的狀況有異，但大體上仍是普遍的現象。另一方面，人的心理適應能力亦是影響因素。準確的主觀自我評核，理應隨自身客觀條件而改變，例如經濟或情感狀況轉好時，我們應該覺得比以前快樂，反之亦然。當客觀條件不變時，評價就不應更改。可惜人的主觀評核現實上並非如此運作，人類心理上很容易適應新條件，從而不依據當初的判斷。例如心理學上的「快樂跑步機」(Hedonic Treadmill) 理論指出，人的快樂就像在跑步機上跑步，跑步機加速時我們會短暫落後，但很快便加快腳步，回到原來的位置(跑步機減速時同理)，最終總是慢慢回復到原初水平。比方說某人意外失去雙腳，最初一段時間其幸福感當然大跌，但一至兩年內便會回復至意外前的相若水平。有趣的是其實惡劣狀況並無改變，失去雙腳引起的生活不便依舊存在，但自我期望修正下，我們卻淡化客觀的不便，漸漸不再感到當初那麼悲痛。所謂時間會治癒一切，正是其積極面向的體現。但這種適應能力的壞影響就是令人高估自我的幸福水平。

或許有人會反駁說，主觀的自我評核其實會影響客觀的生活質素，因為如果你認為自己快樂，你就真的會比較快樂！所以高估自我的幸福水平反而是好事。雖然這反駁有一定道理，可是這種正向心理的效果其實很有限。一個百病纏身的人即使認為自己仍然過得不錯，但當其病發，痛楚難當時，還是會覺得生不如死。退一步而言，即使高估自我的幸福水平會使人更快樂，這亦只能令我們過得比

原初情況好一點，人生整體仍舊可以是苦多於樂。由此可以轉入第二部份的討論，仔細審視人類的真實生活，論證所有人的生活何以都是相當痛苦的。

即使撇除那些極度悲慘的生命，一般人的一生其實都是以痛苦為主軸，關鍵之一在於人類這種生物的身心結構。先從生理狀態而論，老病死是不可逃避的命運。即使再健康的人，每天都活在間斷但持續出現的不適之中：每隔數小時就會肚餓、口渴和內急，時常覺得天氣太冷或太熱，工作太久會身心勞累等等。再者，人生不可避免伴隨大小的病痛，好像經痛就令女性叫苦連天，偶爾一次感冒足可折騰你一星期，更遑論各種惡疾。換言之，我們每天都要重複不斷地消耗時間心力來應付這些反覆出現的不適與需要，卻不是每次都輕易成功。悲哀的是人生的痛苦不限於此，心理上的痛苦往往更為嚴重。平心而論，人生充滿失望、不滿和壓力。由耗費時間於交通、面對學業和工作壓力、處理人際關係的衝突，甚至於個人理想的失落，全部都是精神折磨，不少人更因此輕生。總而言之，生活就是由揮之不去、重複而微細的痛苦大量堆疊而成，痛苦才是人生的常態。

面對以上論點，樂觀論者或會承認人生有其痛苦的一面，但強調快樂幸福的時候其實更多。這種想法值得質疑，因為快樂與痛苦經驗上有不少差異。首先，快樂的持續時間往往比痛苦要短。感官快樂如口腹之慾很快消散，疾病痛楚普通如骨折或敏感卻以月和年計。再者，痛苦，

而非快樂，才是人生常態。人生絕大部份痛苦都是不期而至，快樂卻只有費盡心力才得到片隅。從生理而論，所有人年過三十身體機能必然下降，中年以後病痛不斷的情況甚為普遍。精神層面的痛苦亦不遑多讓。我們人生大部份的願望其實都不免落空，能夠實現的只在少數，這就構成了根本的精神痛苦。想想世上多少人未能找到理想的工作、伴侶或人生意義而傷心失望便會明白。即使某些願望有幸實現，代價也可能十分巨大，亦不一定達到預期的結果。比方說有些人耗費整個童年刻苦求學成為律師，到頭來卻發現工作不如想像中有意義和穩定。更麻煩的是，縱使願望如期望般美好，其成功亦帶來精神滿足，但人總是得一想二，願望層出不窮，結果人生就是不斷的追逐快樂和理想，至死方休。個人認為班奈特於此與佛家可說不謀而合，兩者皆認為人生苦先於樂，而樂其實只是苦的暫時消除。人生最終就是於痛苦、解除痛苦(快樂)、新痛苦出現的無限輪迴中掙扎，而這過程本身更是不能擺脫的最大痛苦！除此之外，人生最可怕之處還有命運的播弄。不少幸福的人生，只要遇上一次車禍或遇人不淑被騙，餘生就是悲劇收場，此等新聞無日無之。我們所有人都不知道下一秒會遇上什麼意外，人生就是每天都在不確定的歷程下的賭博和冒險。綜合以上論點，人生痛苦多於快樂似乎是更合理的想法。

就算人生苦多於樂，也有流行的論調認為，痛苦是人生必要之惡，因為沒有痛苦，快樂亦無從理解與彰顯。不

過即使如此，人生的痛苦也遠超所需。或許生病會令人明白健康的可貴，但何須世上千萬人患上癌症和情緒病來作警示呢？因此結論只有一個，就是人生大部份的痛苦並不必要。生而為人，只屬不幸。

其實認清人生痛苦的真相不一定是壞事，至少遠比那些天真地認為明天會更好的精神勝利法更接近真理，也可以讓我們認真思考自己的人生，以至人類整體應否續存下去。正如我在〈但願不曾活過？〉一文提到，如果生存的基調是痛苦，最直接的結論似乎就是人生不值得開始，以及我們理應絕育，停止製造更多悲劇。下一次我會探討絕育這種人類滅絕主義的理據。

延伸閱讀

Benatar, David. *The Human Predicament: A Candid Guide to Life's Biggest Questions.* Oxford University Press, 2017.（討論各種人生困苦的哲學論著，有不少獨到見解）

Brickman, P. and D.T. Campbell. "Hedonic relativism and planning the good society." *Adaptation Level Theory: A Symposium*, edited by M. H. Apley, New York: Academic Press, 1971, pp.287–302.（討論人類如何評價自我幸福的心理機制，嚴謹的心理學研究論文）

Schopenhauer, Arthur. "On the Sufferings of the World." *Life, Death, and Meaning: Key Philosophical Readings*, edited by David Benatar, Rowman & Littlefield Publishers, 2016, pp. 431–440.（叔本華以文學筆法表現世人皆困苦的人生觀，見解深刻）

絕育才是道德？

　　近年反生育思潮愈見普及，歐洲最近更有團體發起「自願滅絕人類運動」（Voluntary Human Extinction Movement），鼓勵大家絕育救地球。在他們眼中，絕育不再是個人喜好選擇，而是道德義務。近讀哲學家班奈特（David Benatar）新書《生育的論辯》（*Debating Procreation: Is It Wrong to Reproduce?*）發現他延續其反人類的立場，提出多個理由說明為何絕育才是道德，下文將簡介當中部份論點，供讀者參考。

　　班奈特的論證可分為兩大類，首類是着眼於那些受絕育影響而會否出生的人，第二類則關於人類整體的特性。篇幅所限，本文只能簡述一二。就第一類論證而言，其基本立場是生而為人，其實苦多於樂，壞大於好，所以不應該生育，以免下一代蒙受不必要的折磨。仔細而論，班奈特提供了兩類理由證明此說，首先是「價值論的不對稱性論證」（the argument of axiological asymmetry）。生而為人，自不免受到各種傷害，這無疑是生命的壞處。不過，人生在世亦會享受到某些利益和快樂，所以活着也是好的。另一方面，倘若某人不曾出生，既然不曾存在，也亦無須面對傷害，這大概是其好處。但他亦不可能得到任何利益和快樂，雖然這並不是好事，情況卻也不能算壞。兩者的對比可表列如下：

情景A（某人存在）	情景B（某人從未存在）
1　傷害出現（壞事）	3　沒有傷害（好事）
2　利益出現（好事）	4　沒有利益（不算壞事）

　　如果我們關心下一代的福祉，希望知道生而為人對他們來說孰好孰壞，着眼的就不應該是1與2，而要把「1、3」與「2、4」兩組對照，即比較存在與不存在兩種狀態中，傷害與利益的出現與否以及其好壞，再作定奪。由上表可見，兩者價值上並不對稱：生而為人（情景A）視乎際遇情況而有好有壞（1和2），但從未存在（情景B）的話，情況卻是有好而無壞（3和4），因此從未出生肯定比生於世上來得要好，換另一說法則是存在（生而為人）總比不曾存在更壞。此中的關鍵在於3和4，為什麼沒有傷害是好事，但沒有利益卻不是壞事呢？接受的原因之一，在於它們能夠解釋日常生活中的一些直覺，以下會枚舉兩點。第一，很多人都會認為，如果清楚知道下一代的人生多半是痛苦的話，我們就有責任不要將他們帶來世上。想想現在為何那麼多香港人不願意生育就是一例。反之，我們似乎沒有責任必須製造更多就算是快樂的生命。其二，如果生出有先天惡疾的小朋友，父母多會後悔和自責於當初生育的決定，導致兒女受苦。可是，如果某夫婦決定絕育，因此沒有生出快樂的小孩子（假設那夫婦的條件很好，其兒女得到快樂人生的機會很高），他們倒沒有虧欠兒女什麼，因為兒女既未曾存在過，亦難言虧欠。以上兩者的對比在在說

明傷害的消失是好事(難道拒絕製造悲慘的生命不是善舉嗎?),但利益的不存在(沒有生出快樂的小孩子)卻不是值得自責或後悔的壞事。按此思路,我們便有理由接受價值論的不對稱性論證,承認從未出生是有好無壞的選項,比生於世上來得要好。

有論者或會質疑,即使價值論的不對稱性論證成立,從未出生有好無壞,但也許生而為人所享受到的利益和快樂遠超痛苦(圖表中的1大於2),是以人生仍然值得活一次。面對這種質疑,需要證明的是為什麼人生其實註定苦多於樂,我在〈其實人生遠比你所想的痛苦?〉一文中已有交代,不再重複。但於此讓我略說兩點,首先,雖然人生最終有多痛苦或幸福仍會因人而異,但基於人類的身心結構,肉體與精神的痛苦其實是生活的常態,無人能免。再者,沒有人能確定自己兒女的人生最終會如何,但如果如上所言,人生是場輸多贏少的賭博的話,單方面將他們拋擲於這種境地,自始就是不負責任的不道德行為。

方才的討論重點集中於出生對其本人的壞處,或許我們可以把眼光擴闊,轉至開首時提及的第二類論證,反省人類整體,看看結論又會如何。細閱歷史,定能發現人類其實從不間斷地殺害同類、奴役動物、破壞地球,絕對無負地球最邪惡生命體之名,是以製造人類就是製造悲劇,理應停止。這個論點的前提有二:第一點認為如果有任何物種不斷殘害同伴和其他物種的話,我們應有道德責任停止製造更多該物種的新成員;其次是事實上人類這個物種

整體來說不斷傷害自身與其他物種，以至地球。這兩個前提是否合理呢？先就第一前提而論，想像如果有科學家企圖製造一種會不斷殺害其他生命的生物，相信絕大部份人都同意應該阻止此事，現在這種生物就是人類而已。而關於第二前提的證據實在多不勝數，以下只能枚舉一二。人類是地球上少數會有系統地殺害同類的生物，我們知道殺害動物最多的生物是人類，但殺害人類最多的生物也是人類。隨着科技進步，人類互相傷害變得更大規模和容易，現代戰爭就是最佳的例子，二戰期間就有五千萬左右的人被殺。就算不談戰爭這些較罕有的情況，現代社會的罪案如謀殺傷人強姦等亦無日無之，例如印度或東南亞等地的婦女，長年以來就受到莫大的殘害。即使再退一步，身處文明地區，日常生活各種人對人的傷害亦是每日上演，性別歧視、校園欺凌、情感欺騙俯拾皆是，不能根絕。人類的黑暗面，其實從未褪色。

如果説人類對自身族群的傷害還有一定限度（其實沒有），那麼對動物與環境的傷害則肯定是毫無底線。數據不會説謊：每年有超過百億隻動物被宰殺供人類食用，更不要忘記這些「食用動物」死前於現代密集農場的生活有多淒慘。就算是幸運一點的寵物，也要面對被棄養流浪、虐待或疏忽照顧等風險，命運不見得很好（讀者有興趣可參考本人〈寵物的悲劇？〉一文）。另一方面，人類對地球環境的破壞同樣是有目共睹。科學家們早已警告，隨着碳排放與其他污染物的超標情況愈趨嚴重，大概數十年內地球

環境就會變得極為惡劣，不再適合居住。網上近年流傳一幅漫畫，圖中地球生病了要看醫生，醫生最後像宣佈絕症的向地球說「你患上了人類」，可謂言簡意賅。造就如今境況的主因之一，當然是人類的過度生產與消費，但或許更重要的是人口過剩。如果環保是我們致力追求的目標，源頭減廢無疑是最佳方法，而最徹底的源頭減廢，當然就是減少人口！瑞典最近有研究表示，若是每個家庭少一個孩子，每年平均能節省58.6噸碳排放，相比之下，一些大型的節能措施，如無車生活，也只可以節省約2.4噸。可見要環保的話，與其無車無電走飲管，絕育才是最有效之舉。

人類演化至今已成為地球上所有生命(包括人類自己)的主要禍患，是最大的道德災難。世上人類愈少，苦難與不幸亦將隨之而減。可是絕育的終局不就是人類滅絕嗎？事實上沒有任何事情可以永垂不朽，就算宇宙也有完結的一天，人類的消亡也只是早晚的事，沒什麼好可惜的。但如果上文的論證成立，那麼為了下一代，為了動物，為了地球，盡早為人類這套悲劇劃上句號，或許才是最好的結局。

延伸閱讀：

Benatar, David. & David Wasserman, *Debating Procreation: Is It Wrong to Reproduce?* Oxford University Press, 2015. (簡明的反生育哲學入門，書中詳細列出正反雙方的論點並有回應部份，內容全面)

Licon, Jimmy Alfonso. "The immorality of procreation." *Think.* Vol 11, Issue 32, September 2012, pp. 85–91. (文章以「不可能獲得未出生子女同意」論證生育是不道德的，文章雖短但簡潔有力)

Overall, Christine. *Why Have Children? The Ethical Debate.* The MIT Press, 2012. (全面論述生育的正面意義與價值，為生育提供了很好的哲學辯護)

為何要關心下一代？

　　想像由今天起地球上所有人突然不育，但除此以外一切如常，沒有人因此患病受苦或早死。隨年月過去，地球人口逐步減少，人類走向滅亡。面對如斯光境，你會覺得絕望嗎？你會希望人類續存下去，還是慶幸人類終於滅亡？哲學家薛富勒（Samuel Scheffler）在其新著《因何關心未來人類？》（*Why worry about future generations?*）中提出以上的思想實驗，希望說服大家有理由關心人類下一代的命運。個人認為書中有不少洞見，值得引介給讀者（特別是和我一般的反人類主義者）一起思考。

　　一如以往，讓我先按薛富勒的描述，界定清楚論題的意思。「為何要關心下一代」中關鍵的概念當然是「下一代」。從範圍而言，本文討論的對象並不限於自己的子女，而是泛指未來人類整體。此舉的原因在於沒太多人會質疑有否理由關心自己的子女，但應否關心未來人類整體則尚有爭議。而如果從時軸區分，「下一代」的意義可有廣義與狹義兩種。但凡於我們現在身處的時點之後出生的（例如廿年後出生的人），都已算是下一代人，此為廣義。狹義的「下一代」則指那些所有於現存人類死後才出生，遙遠的未來世代，比方說三百年後的人。區分廣義與狹義的用意在於，我們似乎仍有理由關心廣義的下一代，因為廿

年後出生的人，雖看似對我們無甚影響，其實不然。例如廿年後的某位青年可能會成為你女兒的情人，或你公司的一名新員工，是以關心他們仍有一定道理。但三百年後的人理論上就不可能與閣下，甚至於你的子女有任何直接關連，因此應否關心這些狹義下的未來世代，就值得質疑。

如果再仔細分析，我們和下一代其實有着不對稱的關係：現世人們的行為足以決定下一代的命運，但反之不然。以破壞地球生態為例，最終受害的只是他們。更甚者我們可以掌握下一代的存亡，例如絕育。可是下一代人的任何決定，似乎都不能逆向影響我們。因此從自利的角度看來，關心下一代並無好處，更可能要犧牲現代人的利益（例如節約能源），並不理性，部份反對環境保護的人就是如此相信。綜合以上所言，這些遙遠的後世與我非親非故，又對我毫無影響，關心他們便變得有點莫名其妙。對此薛富勒提出了數個理由，論證關心未來人類續存與其福祉的理據，下文將簡述其中較有趣的論點。

首先，從自身的利益出發，其實有理由關心下一代。如果人類滅絕，那麼現世間很多活動也必失去意義。人生中不少活動的目的和價值的指向，都不只限於當下，更有未來的向度。以醫學研究為例，很多基礎醫學研究計劃，例如對DNA的分析，又或開發新的癌症治療法等等，都不見得能於短期成功，但其意義也不會因此消失。因為這些計劃的目標往往不在朝夕，而是貢獻後世人類。很多時我

們都聽到有人立志投身「貢獻人類整體的偉大事業」，而這些事業之所以偉大，正在於其超越一己的利益，旨在橫向的跨地域、跨種族的人類福祉，以及縱向的跨世代宏願。教育事業、社會政制的改革、民主運動等等都是現實的例子。試問沒有下一代的話，教育事業、醫學研究又有何意義？簡言之，後世人類的存在，是這些現世人類活動的意義得以成就的先決條件。假如人類快將滅亡，很多現世人生的志趣與活動的意義，縱使不至於消失殆盡，也必將大打折扣。

或許有人會說以上的論點太精英主義，畢竟獻身偉大事業，貢獻人類未來的人只屬少數。而即使有此志向，也不一定有相應的才能和機會。由這種批評，可以過渡到第二個關心下一代的理由，就是人類滅亡會令很多現在我們視為有價值的東西消失。於此不必談些崇高的價值或理想，即使再普通的人生，總有一些珍惜的事情和價值，例如運動和音樂等具體的興趣。若果仔細分析，就會發現視某些東西有價值，當中重要的意思之一就是希望它可以盡可能的延續下去。假設你喜歡曼聯這支足球隊，理所當然會希望曼聯能永垂不朽，稱霸英超。又例如搖滾樂，其愛好者當然希望它能長存於人類的文化，得到後世更多人的欣賞，蓬勃發展。倘若有人說他熱愛搖滾樂，卻不在乎這種音樂文化的消逝，我們多會質疑他對搖滾樂的愛。而不論具體的足球隊，以至較抽象的文化藝術，續存下去的必要條件，當然就是人類的存在。由此可見，只要你人生中

有任何珍惜的價值，也就同時有理由希望人類可以續存，令這些價值不致消亡。

方才的討論一直假設下一代對現世毫無影響，但這想法或許是錯的。聽來這似乎違反常識，薛富勒卻認為這只是沒把問題想得清楚的偏見。如果把影響的定義不限於狹義的因果關係的話，便可發現下一代雖然因果上不能直接決定我們現在的行動，卻也能於情感上與理性上影響我們。試想想，我們的一生被傳誦或遺忘，我們的社會被視為野蠻或文明，完全取決於他們手中。這些判斷往往會影響我們的情緒，只要想像將來的年輕人會如何痛罵我們這一代斷送香港的未來，就令人愧疚不已。更重要的是，後世的人會評價我們的行為，這個將會發生的事實本身，於現在就足以構成理由，影響我們的決策。例如事實上不少人就是深怕遺臭萬年而不敢作惡，相反也有人冀望名留青史而甘願犧牲個人利益，貢獻社會。由此可見，後世的評價，即使仍未出現，往往已成為現世人們行動時的其中一個參考指標，左右決定。易言之，既然我們能夠決定下一代的命運，倘若在乎他們的評價的話，這就是理由促使我們三思而後行。

如果以上理由成立，為什麼仍有這麼多人認為下一代的命運與其無關？薛富勒認為原因之一，在於我們對時間有種偏頗的理解，他稱之為時間的狹隘主義（temporal parochialism）。簡單而言，現代的時間觀傾向只看當下，忽略過去和未來。這種觀念的成因繁多，其中之一與我們對

「自由」的理解有關。當世所謂的自由，就是強調個人的當下選擇，視過去的傳統文化歷史為枷鎖，視未來為不必要的負擔，力圖擺脫其影響。這種自由觀孰對孰錯尚待處理，但我認為關於時間的狹隘主義的批評無疑值得深思。人類作為地球上唯一擁有歷史意識的生命，其實與逝者和來者有着不同形式的連繫。宏觀地看，每個人都是整個人類生存連續體的一員，相互影響。是以認清過去，關心未來，其實可以更了解自我，當下的生命才會更有動力和意義。

延伸閱讀

Scheffler, Samuel. *Why worry about future generations?* Oxford University Press, 2018. （從多項理由論證我們有理由希望下一代續存，清晰嚴謹的哲學論著）

Mulgan, Tim. *Future People: A Moderate Consequentialist Account of our Obligations to Future Generations.* Oxford University Press, 2006. （從後果論的角度討論我們對未來世代的道德責任與其界限，推薦給希望同時認識後果論與未來世代問題的讀者）

Parfit, Derek. *Reasons and Persons.* Oxford University Press, 1984. （書中第四部份討論各種與未來世代相關的哲學議題，當中不少論證，例如The Repugnant Conclusion，已成為人口倫理學討論的經典題目）

世界正變得更好嗎？

　　我們每天打開報紙或電視，都充斥着各種人類惡行的消息，殺戮掠奪的新聞無日無之。不過從另一角度看，現在也許亦算是人類歷史最繁榮發達的年代，經濟與科技的發展，以及人類社會的穩定，亦是前所未見。到底世界是否正變得更好？人類文明是否在進步之中？哈佛大學的心理學家、語言學家平克(Steven Pinker)在其《人性中的良善天使》(*The Better Angels of Our Nature: Why Violence Has Decline*)一書中，就認為人類文明正不斷朝更和平與進步的方向邁進。下文將以平克的論點為引子思考這個問題。

　　要決定世界是否正變得更好，首先當然要回答：何謂更好？以什麼標準判斷？這顯然是個極難處理的爭論，但我想答案大致離不開物質與精神生活兩類指標。前者包括人類的壽命、人身安全、以至衣食住行等條件，甚至於社會是否更平等與和諧等等。精神生活則指我們是否變得比以往快樂、對生活是否滿足、能否找到人生意義等。簡言之，如果人類事實上朝此兩方面不斷發展的話，就有理由說世界正變得更好。

　　正如開首所言，平克認為人類的歷史正於進步之中，原因在於人類社會暴力正不斷減少，而變得愈來愈理性和善良。雖然人類有為惡的內在因素，但亦有為善的動機，

再加之理性、知識跟科學等發展，世界無疑正走向更和平與平等的狀態。為了證明上述的論點並非空談，平克引用了大量的數據，從古代到現代，歸納出數千年人類歷史中暴力減少，和平增加的六大趨勢，以下會簡述當中的重點（注意：平克的數據主要是以歐洲文明為對象）：

第一波的轉變始於古代文明時期。人類由狩獵採集的部落結構，演變成農業城市與原始政府狀態的文明。這種聚居與社會形態的轉變，直接減少了部落間相互殺戮擄掠的行為，此為之人類和平進程的開端。

在進入中世紀到二十世紀這五百年間，歐洲封建王國的出現與商業貿易的興起，促成中央集權管理形態的國家，社會因而變得穩定。歐洲的兇殺率在這段時間大幅下降，這是文明進程的第二個重大進展。

在十七、十八世紀，歐洲理性和啟蒙時代的來臨，人類開始致力廢除以往法律允許的暴力。比方說奴隸制度、合法決鬥、酷刑逼供、私刑殺害等野蠻的歷史污點，都是於此時期陸續被排除於人類文明之外，可說是人道主義革命的萌芽。

第四大轉變發生於二次世界大戰之後，大國之間開始明白戰爭的不智，盡力以戰爭以外的手段解決問題，國際和平的年代開始出現。

隨着國際戰爭的消減，自冷戰時期開始，規模較小的戰事，例如內戰、族群屠殺、各類組織的武裝衝突明顯有下跌的跡象，這是和平世界的又一趨勢。

最後一項轉變始自1948年世界人權宣言發表後，社群或個體間的罪案亦持續下跌。背後的原因在於人權概念的蓬勃發展。人類關心的對象同時開始逐步擴大、世界愈趨平等。由以往貴族白人男性為中心，我們變得更關心少數族裔、女性、兒童、動物等的權利，甚至於環境的保護。這種和平的趨勢平克稱之為權利革命。

　　平克的想法初步聽來不無道理，從長遠而宏觀的角度審核歷史的發展，人類看來的確是朝更和平與平等的方向前進。不過我們也不宜太快定論，以下分別從個人、社會與地球全體三種角度，思考一下平克的論點，看看有沒有可議之處。

　　先從個人層面而言，人類的生活真的變得愈來愈好嗎？誠然人類的基本生活條件與人身安全都比以往更有保障，但有云生存不等於生活，如果活着受苦，也不見得比死去來得要好。於此我想到人類學家哈拉瑞（Yuval Noah Harari）在其《人類大歷史》（*Sapiens: A Brief History of Humankind*）一書中的一個有趣的想法。他認為古代農業革命是歷史上最大的騙局，因為並不是人類馴化了農作物，而是農作物馴化與奴役了人類。此話何解呢？哈拉瑞說，農業革命雖然養活了更多人，同時亦如平克所言，農耕定居的生活，間接減少了部落間相互殺戮擄掠的行為。可是人類也開始從較自由，工時較短的生活，演變成每天長時間為農作物工作的刻苦狀態，最終更是一場不確定收成的賭博。因此農業革命的本質（至少從現代機械農業出現之

前），只不過是讓更多的人，以更安全但糟糕的狀態活下去而已。當然，我們現在已經遠離那個時代，但即使以現代大部份都市人為例，生活模式似乎仍舊沒太大改善。一般人每天就是被工作奴役，工時甚至比古代農民還要長，更要面對現代職場特有的制度與人事壓力，相比於農民，分別只是我們的奴隸主由農作物轉為資本家而已。

現代社會結構複雜，衍生的問題也是以往無法比擬的。例如社會上貧富差距愈來愈大，人與人的隔膜愈來愈深等等，不能盡錄。由此社會上很多人即使物質條件不錯，卻仍然感到人生沒有意義，甚至生無可戀。這在以往宗教或社區連結較強，生命有所寄託的年代，是難以想像的。另一方面，平克相信理性、知識跟科學會推動人類進步，但近年來社會上出現了不少反其道而行的潮流，什麼逆向歧視論、仇女文化、順勢療法和反疫苗運動，在在顯示人類理性以外反人權反知識的一面，情況其實不如平克所想的美好。

如果將眼光擴闊，觀察人類對動物與環境的暴行，我肯定大家會對平克的暴力減少論有所保留。關於動物，可以舉出兩個重要事實：一，每年有超過百億隻動物被宰殺供人類食用；二，近百年間，陸生、淡水與海洋生物總數量與種類均大幅減少。這些都是人類暴力的最有力證據。至於環境方面，溫室效應、熱帶雨林與海洋的破壞，行將到達不可挽回的臨界點。即使你是人類中心主義的忠實支持者，認為動植物沒有價值也罷，但不少科學家已再三指

出，生物多樣性與環境污染程度，對人類的生存有莫大的影響。以現行趨勢，地球環境快將變得極為惡劣，不再適合居住。如此看來，人類正步向的未必是更好的將來，而只是自滅的結局。

最後讓我借用哈拉瑞於《人類大歷史》一書的說法作結：物種的繁榮不代表個體的幸福。縱然人類數目上比以往任何時代都要繁盛，能力也變得空前強大，但我們的生活是否真的比以往要好？人類發展的方向又是否正確？答案似乎仍是好壞參半，吉凶難料。

延伸閱讀

Pinker, Steven. *The Better Angels of Our Nature: Why Violence Has Declined.* Penguin Books; Reprint edition, 2012. (運用大量歷史數據，論證世界正變得更和平理性，學界爭議之作)

Harari, Yuval Noah. *Sapiens: A Brief History of Humankind.* Signal Books, 2014. (從人類學與歷史學角度重寫人類至今的演進，出版後備受好評，書中有不少獨到的見解)

Harari, Yuval Noah. *Homo Deus: A Brief History of Tomorrow.* Signal Books, 2016. (嘗試預測未來人類走向的跨學科著作，觀點新穎)

如果世界沒有人？

　　誰最算得上是世界上的不速之客？英國動畫師卡茨（Steve Cutts）於2012年創作了一段名為"MAN"的短片，諷刺人類自始以來如何殘害動物、破壞地球，迄今錄得逾四千萬點擊。月前卡茨再上載新片"MAN2020"，講述人類因新冠病毒足不出戶，動物們紛紛回歸自然，歡欣起舞。最後鏡頭一轉，動物驚見人類步出家門，旋即落荒而逃。我認為卡茨這兩段動畫，包涵兩個值得深思的問題：到底人類滅亡真的是壞事嗎？如果再沒有人，世界又會是怎樣的光景？

　　為方便討論，姑且把人類滅亡後的世界稱之為「後人類世紀」。另外因篇幅與學識所限，下文討論的「世界」，主要是指地球，而非全宇宙。為什麼一般人都不願意看到人類滅亡的一天？於此先要區分滅亡的成因。第一，我們可以殺死所有人，令人類滅絕。其二，滅亡也可以是自然過程，例如生育率下降使然，如此則不涉及任何人為傷害。前者既然會傷害現存的人類，縮短其原有壽命，壞處不言而喻。可是自然滅亡並沒有任何人為傷害，而人類以至世界，無論如何終會完結，為什麼那麼多人仍然希望人類存在愈長時間愈好？

　　有論者認為，基於生物多樣性的考慮，人類滅亡無疑

是件壞事。由於物種間有千絲萬縷的依存關係，例如食物鏈、生態圈等等，因此任何物種的消失都會令其他現存生命受損。哲學家萊曼（James Lenman）在 "On becoming extinct" 一文中對此有很好的反駁，他認為倘若真的在乎地球上生物的多樣性，而不僅只是人類自身利益的話，人類早點消失，反而利大於弊。試想想世上有多少動物因人類而絕種？如果人類單一物種的滅絕，能換取地球更多生命的存活，答案其實再明顯不過，因此生物多樣性並未能說明人類滅亡是件壞事。

很多反對人類滅亡的人，論據是人類的存在有內在價值。既是有價值的東西，則自當希望它可以盡可能的延續下去。於此有兩個問題值得留意：首先，如果人類的存在有內在價值，動物有沒有？如有，按方才所言，考慮人類對其他生命的危害，人類早點消失才是好事。倘若人們認為動物的生命沒有內在價值，理據又是什麼？會否只是物種歧視？

對於「希望人類盡可能延續下去」的想法，萊曼提出了有趣的回應。他指出A：「人類延續愈久愈好」與B：「人類人口愈多愈好」，本質上都是希望「有更多人類出現」，分別只在於歷時（diachronic）還是共時（synchronic）增加。前者是順時間線延伸而增多，後者是同一時間點上的增加。換言之，如果希望有更多人類出現，可以是公元2020年單次增加一億，也可以是由2020年開始每年上升一百萬，持續百年。問題在於，如果我們都不見得認為B是好事（即使撇開

現實人口資源問題），為什麼卻那麼堅持A？

　　由方才內在價值的討論，可延伸至另一與價值相關的論點，來反對「後人類世紀」的來臨。假使人類滅亡，那麼人類的文明，一切人類創造的有價值的東西，例如偉大的建築、藝術、音樂都不復再現。更重要的是，價值是由人賦予，當賦予者消失，世上的事物亦不再有價值可言，因此不單止具體的有價值事物（音樂、文學等），甚至於「價值」這回事本身，也將煙消雲散。難道這不是很可惜的憾事嗎？於此反駁者或會說，既然「後人類世紀」已無任何人類存在，具體的價值事物，以至於價值本身的全面消失，根本無法影響任何人，是以不算壞事。我認為這種回應有其道理，但或可借用一個思想實驗再作回應。想像以下兩個可能世界：世界一沒有人類，因此沒有任何價值，就是如其所如的純物理存在；世界二人類存在，是以有美善，也有醜惡，各種類型的價值並存於世。如果能夠選擇，你認為世界一，還是世界二更值得實現呢？在我而言，世界二似乎是更多可能性、更有趣，因而更值得追求。如果你同意此判斷，那就代表你同意人類的消失是種憾事了。可是我必須指出，以上討論其實預設了人類是世界上唯一有價值意識的物種。事實是否如此？我不能確定。再者，假若我們相信價值是可以獨立於任何意識（不論人類還是其他生物）而存在的話，答案當然又作別論。

　　好些反人類主義者，會以環保為理據，從「地球的觀點」支持人類滅亡。人類不斷破壞地球生態，污染環境，

砍伐森林，絕對是不速之客。近月不斷有報導指出，自新冠病毒肆虐，世界各地戶外活動劇減後，地球污染大量減少，臭氧層也在自我修復中，足證人類對世界的壞影響。因此為了地球的福祉，人類滅亡其實是好事。這種想法近年雖然相當流行，在我而言卻值得懷疑。環保固然是值得支持的行動，但訴諸地球本身的福祉，卻不是那麼容易站得住腳的說法。要明白地球既不是生命體，亦無意識（除非閣下是蓋亞意識／宗教的支持者），根本談不上什麼意願或福祉。所謂從「地球」的觀點看，很可能只是一廂情願的擬人化願望。

最後，關於「後人類世紀」到底會是怎樣的光景，作家韋斯曼（Alan Weisman）在2007年就出版了一本名為《沒有我們的世界》（*The World Without Us*）的幻想紀錄文學，嘗試想像人類滅絕後，世界會變成怎麼樣。他借瑪雅文明滅亡的例子，推測大自然環境於「後人類世紀」將如何改變，人類都市又會剩下什麼。據其所想，在千百年後，城市將會成為森林，地下水灌滿地鐵通道，樓房倒塌，最終剩下的只有放射反應爐的廢料、青銅雕像、塑料製品等文明的足跡。另外，大型動物群會大量繁殖。反之，沒有人類提供食物，老鼠和蟑螂卻會無以為生。書中的描述令人印象深刻，篇幅所限未能詳述，讀者有興趣可找原文一讀。

其實人類的消失是好是壞，很大程度取決於是從人類或非人類視角思考，尚無定論。無論如何，地球的壽命已有四十六億年。如果把地球的年齡換算成一天，人類不過

在最後三十秒才出現。我們終究只是地球中的過客，沒有我們，世界依舊會繼續走下去的。不過，即使沒法永遠停留，但我們的存在會於世界遺下怎樣的證明，卻是值得全人類思考的課題。

延伸閱讀

Lenman, James. "On becoming extinct." *Pacific Philosophical Quarterly* 83 (3) 2002, pp. 253–269.（逐一回應反對人類滅絕的理由，行文清晰，論證周詳的文章）

Finneron-Burns, Elizabeth. "What's Wrong with Human Extinction?" *Canadian Journal of Philosophy* 47（2–3）2017, pp. 327–343.（從契約論的立場反對人類滅亡，論說簡潔明確）

Weisman, Alan. *The World Without Us*. New York: Thomas Dunne Books/St. Martin's Press, 2007.（描述人類消失後，大自然與城市會變成怎樣的一本文學作品，想像力與內容兼備）

結　語

　　寫書的人大都希望自己的作品能流傳後世，這本書卻肯定不在此列。這固然歸咎於個人學養的不足，但除此之外也有結構上的原因。本書涉及的議題，可說是既恆久又短暫的。不管是個人幸福、人生意義，以至社群道德、國家政制，甚至乎人類的未來，都是最根本的人生哲學問題，千百年來一直教人苦思不已，至今亦多無定案，在可見的將來似乎還會恆久討論下去。雖然這些議題歷久不衰，但相關的定見卻總是短暫的，隨個人與社會環境而變化。前人相信君主制是唯一的，人類是萬物之靈等等，現在已不再為大眾接納。其實某時某地的定見之外，他朝可能變成定見之內，甚或再無討論的價值。以素食主義為例，過往只是小眾主張，近年已漸漸為主流接受，而隨着科研革新，一旦細胞培植肉技術成功，素食的道德爭論大概也會煙消雲散。由此可見，以討論定見為主題的書，時效註定不會太長。不過本書如果他日因過時而被讀者揚棄，對我來說不算遺憾，反是欣慰。正如社會學家韋伯（Max Weber）所言，學術的志業就是被超越。被時代淘汰是每一代人的宿命，但這往往標誌後來者的進步，理應高興。我所希望的，僅止於協助大家在審視各種定見的過程中，達致更好的自我理解。因為只有瞭解，才有可能超越。個人如是、學科如是、文化如是、人類亦如是。

附錄一：死亡或不朽？——
從威廉士對永生的判斷談起

"Immortality, or a state without death, would be meaningless, I shall suggest; so, in a sense, death gives the meaning to life."[1]

— Bernard Williams

前言

　　追求永生、逃避死亡是自古以來人類的宿願。可是永生是否真的如某些宗教所描述的吸引？還是永不完結的折磨？本文將以威廉士(Bernard Williams)的文章"The Makropulos Case: Reflections on the Tedium of Immortality"為起點，探討「永生」議題的各種考慮。

　　威廉士的文章有兩大主軸，首先他以條件慾望(conditional desire)與定言慾望(categorical desire)的區分，說明後者才是人生存下去的原因，與死亡在怎樣的情況下會是壞事。按此，如果死亡並不可取，似乎永生就是好事。威廉士卻指出，即使死亡為惡，永生也依然不值得追求。威廉士文章的次部份正是分析永生的壞處，而本文將集中討論這個論旨。威廉士宣稱：基於對人類慾望與幸福，以及人類生命本質的理解，永生將必然是沉悶而無意義，不值得追求的人生。[2]下文會先簡述其理據，然後以之為基礎

1　Bernard Williams, "The Makropulos Case: Reflections on the Tedium of Immortality", *Problems of the Self*, Cambridge University Press, 1973, p.82.

2　Ibid, p.82.

分析思考永生時的各種因素，從而探討永生的好壞。

判斷永生好壞的兩個條件

　　威廉士以捷克歌劇《馬克普洛斯檔案》(*The Makropulos Case*)的女主角艾琳娜(Elina Makropulos，下文將簡稱為EM)為基礎，設想永生的好壞。EM的父親是煉金術師，發明了長生不老的藥水。EM在42歲開始服藥，身體停止生長，並以42歲的狀態生活了近四百年，最終覺得人生苦悶而沒有意義，於是停止服藥，迎接死亡。從這個例子可見，威廉士討論的永生模式並非靈魂不朽，而是肉身長生不老，以健康的狀態永遠存活。然而對EM來說，這樣的永生也不見得吸引，為什麼呢？威廉士解釋，永生要值得追求，須滿足兩個條件，借用哲學家費舍爾(John Fischer)的表述，分別是：吸引條件(Attractiveness Condition，下文將簡稱AC)和身份條件(Identity Condition，下文將簡稱IC)：[3]

　　AC：　永生若要吸引的話，它一定不能夠持續而極端地沉悶和無意義。[4]

　　IC：　永生若要吸引的話，我必須確定將來永遠存活下去的人跟「我」是同一個人。[5]再者，將來的我必須與現在的我於慾望、計劃等心理條件上有相應

3　John Fischer, "Why Immortality Is Not So Bad", *International Journal of Philosophical Studies* 2 (2), 1994, p.257.

4　Ibid.

5　Ibid.

的連繫，[6]否則未來的我就算有任何活下去的理由，也不會是現在的我續存的理由。

為什麼EM情願死亡？最直接的回應就是永生違反了AC。威廉士強調，人總有特定的性格和品味，因此其定言慾望必然有限。換一個簡單的講法，就是令人感興趣，給予她理由生存下去的活動終必窮盡，而且日子久了總會厭倦。EM作為一個42歲、擁有具體性格和嗜好的人，在活了數百年後，所有她會感興趣的人和事，早已反覆出現，變得千篇一律。我們還有可能為活了數百年的人找到足以支撐她生存慾望的活動嗎？試想像你很喜歡踢足球或者觀看劇集，持續這些活動數月以至數年，也許沒有問題，可是四百年呢？更何況永生是無止境的「永遠」？既然感興趣的活動有限，而且總會生厭，生存的時間卻無窮，因此從EM的角度思考，生命將必只剩下無盡的苦悶。由此看來，永生其實是壞事，因為它會令所有活動變得沉悶而不再值得追求。永生的結局因此只有一個：永遠沉悶地活着，最終變得毫無意義。

要如何避免永生的沉悶？由於對EM式的永生而言，癥結在於無止境地延長同一個生命（"since the major problems of the EM situation lay in the indefinite extension of one life"），[7]所以方法之一，就是過不同的生命、成為不同的人（"survive by

---

6　Williams, "The Makropulos Case: Reflections on the Tedium of Immortality", p.91.

7　Ibid, p.92.

means of an indefinite series of lifes")。[8]換言之，只要能改變自己的性格，就可以重新對各種經歷感到新鮮。例如本人喜歡看美劇，討厭韓劇，但無論美劇有多好看，看足四百年也會生厭。於是我就改變自己的性格，愛上韓劇，便可以繼續享受觀劇之樂了。倘若之後厭倦戲劇，我大可再徹底改變品味，變成熱愛運動的人。只要不停地轉換性格和品味，不就可以享受多采多姿的人生，擺脫沉悶嗎？

由此可以轉入關於IC的討論。改變性格這方法似乎有效，其實卻大有問題。究竟以上各個心理上斷裂的生命，是否同為一人？如果我在四百年後品味全盤改變，性格截然不同，威廉士便會質問，四百年後的那個人仍然是「我」嗎？即使以彼此享有共同身體來辯解，威廉士認為這種最低限度的身份同一性仍舊於事無補，因為追求永生的重點在於因性格而致的生活質素（根據AC），於此我們難以把這個將來的人與現在的我於性格上連繫起來（"It is unclear how he is to bring this later character and its desires into a relation to his present one"）。[9]如果那個人不再是「我」，「他」是否沉悶或快樂，覺得生命值得活下去與否，跟「我」何干？又何以證明「我」值得永生？這種不斷轉變性格和品味的方法，最終就是將自己不斷變成不同的人，但如此將來的那個人生已不再是「我」的人生，跟「我」無關。

總括而言，永生要具吸引力，絕不可以永恆沉悶。但

8　Ibid, p.92.
9　Ibid, p.93.

人的個性具體而有限，生活價值總有窮盡的一天；於是只能不停轉變，可惜一旦如此，「將來的我」已經不再是「現在的我」。是以威廉士指出了人類追求永生的兩難：要麼我在永生保有一致固定的性格，如此人生終將歸於沉悶而不可忍受；或者嘗試以不同人格的方式活下去，如此則不見得活下的人是「我」。由此而論，永生並不值得追求。

對AC與IC的回應

我們要如何回應威廉士？先就AC而言，正如費舍爾所言，人其實可以同時對多項活動感興趣，例如喜歡玩電子遊戲、踢足球、飲酒、看電影等。在無窮盡的生命中，這些活動就好比一個配套，各種活動之間能夠互相增益，甚至能以交替方式（rotation method）[10]輪流選擇參加不同活動。例如首一百年以踢足球為主、之後的一百年則跳舞、再之後的一百年看電影等等，直至所有活動都徹底體驗，也可以重新開始活動的交替，畢竟已相隔百年，厭倦了的事情或許可以再變得有趣。倘若永生可以循環交替地參與不同的活動，看來便能擺脫沉悶。當然，在無限的人生中，交替方式到底是否有效？還是只能稍為延遲沉悶的出現？答案似乎仍然是站於威廉士的一方。

哲學家班奈特（David Benatar）則從另一方向批評AC。威廉士於文首宣稱永生並無意義，但他在解釋AC時，似乎只將無意義界定為沉悶。即使永生真的非常沉悶和無聊，

---

10 Fischer, "Why Immortality Is Not So Bad", p.266.

就一定也是無意義的嗎？世上有很多活動其實都異常苦悶沒趣，卻不見得沒有意義。班奈特提出飛機維修員為例，[11]他每日的工作就是檢查飛機部件的螺絲有否鬆脫，如有，就把它旋緊；這工作沉悶、無聊和重複，甚至異化，可是我們不會說這工作並無意義，因為一旦機件故障，發生空難，可能就有數百人蒙難。換言之，從「沉悶和無聊」，不必然能得出「無意義」的結論。當然，兩者並非完全無關，通常沉悶和無聊的東西都沒什麼意義，但兩者的連繫有多強？威廉士的確有必要多加解釋。

另一方面，費舍爾對IC的回應如下：首先，就算於有限的人生，也有可能改變自己的個性和品味。性格與價值觀是可變的，變化甚至能翻天覆地。例如有人小時候相信共產主義，長大後卻成為資本主義的信徒，但我們不會因此說當年的他跟現時是兩個人。關鍵在於，既然在有限的人生中，我們不會說性格轉變會引致身份同一的危機，為何放諸永生時就會如此？[12]只要性格的轉變是連續的漸變，則不管有限或無限的人生，我們都有理由相信轉變過程前後是同一個人。

生命中的好與壞會耗盡嗎？

仔細反思威廉士的論點，便會發現討論的焦點在於永生的生活質素。不過，我們一直都只在探討永生中的好事

11　David Benatar, *The Human Predicament: A Candid Guide to Life's Biggest Questions*, Oxford University Press, 2017, p.158.

12　Fischer, "Why Immortality Is Not So Bad", p.268.

最終會否耗盡其好處，變得沉悶或無價值，考慮其實未算周全。既然人生總是有好有壞，所以除了考慮好事有沒有耗盡的可能之外，亦要考慮壞事是否如此。例如當失戀次數非常多時，會否不再痛苦？究竟是好事和壞事都終將耗盡，還是只有好事多磨？哲學家喬爾比(Michael Cholbi)指出，必須同時考慮兩者，才能對永生的生活質素有全面而準確的評核。試考慮以下兩個論旨：[13]

好事的耗盡性(Exhaustibility of Good，下文將簡稱EG)：無論好事有多好，只要達到某個數量，就再也不能促進你的福祉。

壞事的耗盡性(Exhaustibility of Bad，下文將簡稱EB)：無論壞事有多壞，只要達到某個數量，就再也不能減損你的福祉。

明顯地，威廉士相信EG，卻沒有考慮EB。就此我們應思考以下可能的組合：[14]

	好事的耗盡性(EG)為真	好事的耗盡性(EG)為假
壞事的耗盡性(EB)為真	A	B
壞事的耗盡性(EB)為假	C	D

B無疑是最理想的人生，因為在B的狀態，好事不會耗

---

13 Michael Cholbi, "Immortality and the Exhaustibility of Value", *Immortality and the Philosophy of Death*, Rowman & Littlefield, 2015, p.223.

14 Ibid, p.223.

盡而壞事卻會；即是好事永遠有益，但壞事終會失效。反之，C是最差的人生，因為好事有耗盡的一天，但壞事卻會永遠有害。問題就是，究竟永生的狀態，屬於哪個情況？倘若我們未清楚EG與EB的真假，其實難以準確預測永生的生活質素。不過EG與EB只是判斷永生的生活質素的基本條件，以下是我認為其他重要的考慮因素：

好事與壞事的比例：如果永生中好事與壞事為八二之比，那麼即使兩者不會耗盡，我們也許仍願意接受永生，因為好多於壞。不過試想像更複雜的情況：只有好事耗盡而壞事不會，則兩者的比例又會否左右你的判斷？

好事與壞事的計算原則：上述討論一直預設着好多於壞的人生就值得活，反之不然，但究竟好事與壞事能否共量與抵銷？十單位好減去五單位壞，所以得出五單位好，人生便值得活，這種簡單的加減法是否合理？有些論者或會反駁，世上有些「絕對的壞事」並不能被好事抵銷，一旦出現，整個人生就是壞的；同理，你也可以認為有「絕對的好事」。當然你需要指出那些東西是什麼，並提出理由。

生命本身的價值：有些人認為，生存的價值在於經驗本身就是好的，與其具體內容無關，因此根本不必考慮EG與EB等原則。活下去本身就有正面價值，即使那些經驗是痛苦的；能夠生而為人，經歷人世間各種苦難（更何況總有快樂的時候），也算是體驗過生活和世

界，總比死亡要好得多。你是否同意？再者，哪怕經驗本身就是好的，它到底是屬於絕對價值，即再痛苦的人生也不能蓋過？還是其價值只具一定份量，當人生的苦難太多時，生命就不應繼續？

對永生的完整考慮

就我看來，判斷永生是否值得追求，至少要從三方面考察，分別是永生的生活質素、永生的模式與永生的範圍。方才的討論，其實仍走不出生活質素的層面。不過要決定永生的生活質素，其模式與範圍都是不可或缺的考量，篇幅所限，以下只能提綱挈領交代某些重點，供大家思考(較詳細的討論可參考本書〈死不足惜？〉一文或 Benatar 2017)：

永生的模式：我們將以靈魂還是肉身形式不朽？靈魂的話會存在於什麼地方？有沒有記憶或感覺？如果是肉身形式，軀體會不會衰老和生病？還是永遠青春健康？這些條件在在影響永生的生活質素，不可不察。

永生的範圍：到底是只有自己永生，還是全人類一起不老不死？如果獨個永生，我們將不斷重複目睹自己的朋友和愛人離去，似乎並不可欲。假若全人類不死，又必須面對各種困難，例如人口爆炸而致的資源和空間短缺，以及階級流動與世代之爭等社會問題。兩者似乎難以取捨，當中的考慮更涉及複雜的文化、社會、經濟和政策知識，遠非哲學可以單獨處理。

結語

　　或許有人認為，永生於目前只是空想，這些討論不過是理論空談，意義不大。無可否認，永生至今仍未能實現，哲學所能做的，尚停留於設想永生在各種假設條件下的好壞，卻沒有驗證方法。不過，這種思想實驗仍有重要意義，因為從思考何種條件的生命才值得活下去的過程中，正好讓我們反省自己對人生、價值的看法，從而認識自己，計劃將來。個人認為威廉士或許是對的，永生看來並不可取，但死亡卻往往來得太早或太晚：EM提醒我們死亡可以來得很遲，但就一般人來說卻大多來得太早。[15] 不過正如我在〈死不足惜？〉所言：「但問題是要活多久才算足夠，才可以無憾地離去？這才是最值得深思的人生課題。」

參考書目：

Williams, Bernard. "The Makropulos Case: Reflections on the Tedium of Immortality", *Problems of the Self*, Cambridge University Press, 1973.

Benatar, David. *The Human Predicament: A Candid Guide to Life's Biggest Questions*, Oxford University Press, 2017.

Fischer, John. "Why Immortality Is Not So Bad", *International Journal of Philosophical Studies* 2 (2), 1994, pp.257-270.

Cholbi, Michael. "Immortality and the Exhaustibility of Value", *Immortality and the Philosophy of Death*, Rowman & Littlefield, 2015, pp.221-236.

15　Williams, "The Makropulos Case: Reflections on the Tedium of Immortality", p.100.

附錄二：從絕育到滅亡——
略談反生育主義的哲學理據

前言

早前印度青年拉菲爾(Raphael Samuel)狀告父母未經同意就將他生於世上，[1]引起媒體嘩然。拉菲爾認為自己從沒同意出生，卻要承受生而為人的各種苦難，父母難辭其咎。拉菲爾這種想法正是反生育主義(anti-natalism)的典型例子：一般人多認為傳宗接代是重要的人生目標甚或責任，有不可取代的意義。但反生育主義者則相信人生苦多於樂，生育只是製造痛苦生命，理應停止，哪怕人類就此滅絕。這種支持絕育、甚至情願人類滅亡的立場，由於與主流的價值觀背道而馳，面對不少誤解和指責。本文將簡要說明反生育主義的主要哲學理據，並回應一些常見的質疑，為反生育主義辯護。

先交代文章的基本方向。首先，本文着眼於反生育主義的哲學研究，與之相關的文化、宗教、經濟以至社會政策的考慮，皆不在討論之列。再者，礙於篇幅所限，本文將主要依據近年反生育主義的代表哲學家班奈特(David Benatar)、利康(Jimmy Licon)與史法靈(Seana Shiffrin)等人為主軸而討論。最後，反生育主義的論證可分為兩大類，第一類稱為「慈悲式論證」(Philanthropic Argument)，着

1　Indian man to sue parents for giving birth to him - BBC News, https://www.bbc.com/news/world-asia-india-47154287/

眼於對受絕育影響而未能出生的「潛在子女」(Potential Children)的傷害。第二類屬於「厭人式論證」(Misanthropic Argument)，[2]企圖說明人類整體的邪惡特性何以支持絕育，以下會順次序說明。

價值論的不對稱性論證

　　第一個慈悲式論證是由班奈特提出的「價值論的不對稱性論證」(The Argument of Axiological Asymmetry)。[3]此論證從傷害(Harm)與利益(Benefits)[4]的存在(Presence)與不在(Absence)兩種情況下價值判斷的不對稱現象，證明不曾存在定必比存在(生而為人)要好。先看看以下價值判斷：

1. 傷害的存在是壞事。
2. 利益的存在是好事。

1和2是關於傷害與利益存在時的價值判斷，相信沒有太多人會反對。以下則是傷害與利益不在時的判斷：

3. 傷害的不在是好事，即使沒有人承受這種好。
4. 利益的不在不是壞事，除非有人因這些利益的不在而受損。

我們可以發現(1和2)與(3和4)兩組情況的價值判斷並不對稱(留意2和4)，班奈特稱這種情況為「基本不對稱」(Basic

2　Benatar, David, and David, Wasserman. *Debating Procreation: Is It Wrong to Reproduce?* Oxford University Press, 2015, chapter 4.

3　Benatar, David. *Better Never to Have Been: The Harm of Coming into Existence.* Oxford University Press, 2006, chapter 2.

4　此處的傷害和利益泛指肉體、經濟以至精神層面。

Asymmetry）。兩組情況可表列如下：

情景A(某人出生)	情景B(某人從未存在)
1　傷害出現(壞事)	3　沒有傷害(好事)
2　利益出現(好事)	4　沒有利益(不算壞事)

　　從上表可清楚看見兩組情況如何不對稱：從傷害與利益的價值判斷對照，(1和3)與(2和4)並不一致：(1和3)顯示傷害出現是壞事，而沒有傷害是好事。(2和4)則指出利益出現屬於好事，但沒有利益卻不算壞事。若果從有否出生的角度比較，生而為人(情景A)視人生際遇而有好有壞(1和2)，但從未存在(情景B)的話，情況卻是有好而無壞(3和4)。基於「有好無壞」比「有好有壞」優勝的前提下，[5]結論就是從未存在必然比生於世上來得要好。此中的關鍵在於3和4，為什麼沒有傷害是好事，即使無人承受這種好；但沒有利益卻不算壞事呢？接受3和4的原因，在於這種「基本不對稱」能夠解釋日常生活中另外四種廣為人接受的不對稱價值判斷：

i)　如果清楚知道下一代的人生是痛苦的話，我們就有責任不要將他們帶來世上。反之，我們似乎沒有責任製造更多快樂的生命。

ii) 以將來的子女會有快樂人生為理由生育，似乎是奇

5　一般來說，這個前提是合理的，但視乎兩組情況各自的好與壞的多寡，也可能有例外情況。比方說如果某些人的人生樂多於苦的話，生存就比不存在更好。對此下文會指出班奈特的另一論證，說明為何人生必然苦多於樂，因此以上的例外情況並不存在。

怪的想法。但因將來的子女會有痛苦人生為理由而
拒絕生育,卻合情合理。

iii) 如果誕下有先天惡疾的小朋友,父母多會後悔和自
責當初生育的決定,導致兒女受苦。可是,如果某
夫婦決定絕育,因此沒有生出快樂的小孩,他們似
乎沒理由後悔和自責。

iv) 我們有理由因為遠方存在受苦的人而傷心,但卻不
必因遠方不存在快樂的人而難過。

i到iv的判斷特點都是認為傷害的不在是好事(哪怕沒有
人承受這種好),而利益的不在不是壞事,亦即3和4之意。
班奈特指出,一般人都會認同這四個判斷,而「基本不對
稱」就是對它們最直接有力的解釋,因而合理。可是接受
「基本不對稱」,便等於承認從未存在肯定比生於世上要好,
進而接受生育就是傷害下一代的想法。[6](編按:本書〈絕育才是
道德?〉亦有相關論述,讀者可一併閱讀。)

生活質素論證

「價值論的不對稱性論證」企圖說明生存為什麼定必比
不存在更壞,但生而為人到底有多壞?如果人生其實快樂
遠多於痛苦的話,那麼人生似乎仍然值得活一次,生育就
不見得是錯事。要證明生育之錯,反生育主義者必須進一

---

6 有論者認為我們不可能傷害未曾存在的人,此問題正是哲學上的非同
一性問題(Non-identity prob lem),篇幅所限未能詳述,有興趣的讀者可
參考Benatar, David. *Better Never to Have Been*, chapter 2.

步指出人生必然苦多於樂才可。為此班奈特提出「生活質素論證」（The Quality of Life Argument），[7]具體描述生而為人何以必然承受嚴重傷害。此論證可分為兩部份，首部份說明一般人對自我生活質素的評核都不可靠，次部份解釋為什麼客觀而言所有人的生活都是苦多於樂。

何以一般人對自我生活質素的評核都不可靠？班奈特提出一些人類的心理機制為解釋理據，以下枚舉兩點：

「樂觀偏誤」（Optimism Bias）：近年不少認知心理學研究指出，[8]人們普遍會高估自己的快樂水平，誤認為自己的生活比大部份人要好（但這明顯在統計學上並不可能）。樂觀偏誤的成因之一，是人較容易記住開心的往事，忘掉不快的過去，此其實與人類抑制傷痛記憶的心理自我保護基制有關。當然，樂觀偏誤的程度，會隨不同文化和社會的狀況有異，但大體上仍屬普遍現象。

「適應能力」（Adaptation）：準確的自我評核，理應隨自身客觀條件而改變，例如經濟或精神狀況轉好時，我們理應覺得比以往快樂，反之亦然。當客觀條件不變時，評價就不應更改。可惜人的主觀評核現實上並非如此運作，人類心理上很容易適應新條件，從而不依據當初的判斷。

7　Benatar, David, and David, Wasserman. *Debating Procreation: Is It Wrong to Reproduce?*, Chapter 3.

8　例如Taylor, Shelley E., *Positive Illusions: Creative Self-Deception and the Healthy Mind*, Basic Books, 1989.

例如心理學上的「快樂跑步機」(Hedonic Treadmill)[9]理論指出，人的快樂就像在跑步機上跑步，跑步機加速時會短暫落後，但很快便加快腳步，回到原來的位置(跑步機減速時同理)，最終總是慢慢回復到原初水平。比方說，某人意外失去雙腳，最初一段時間幸福感當然大跌，但往往一至兩年內便會回復至意外前的相若水平。有趣的是其實惡劣狀況並無改變，失去雙腳的不便依舊存在，但在自我期望修正下，我們卻淡化客觀的困境，漸漸不再感到當初那麼痛苦。這種適應能力的壞影響是令人無視痛苦的狀況，高估自我的幸福水平。

就算撇除主觀的心理影響，客觀而言，一般人的一生依然是以痛苦為主軸，這可從三方面解釋：

生理狀態：老病死是人類不可逃避的痛苦命運。即使再健康的人，每天都活在間斷但持續出現的大小不適之中：每隔數小時就會肚餓口渴和內急，時常覺得天氣太冷或太熱，工作太久會身心勞累等等。再者，人生必然伴隨大小病痛，偶爾一次感冒足可折騰你一星期，更遑論各種惡疾。細心想想，我們每天都要重複消耗時間心力，營營役役應付這些反覆出現，不能擺脫的不適。

心理狀態：精神折磨每每比生理痛苦更難承受。人生充滿失望，不滿和壓力。由耗費時間於交通、面對學業和工作壓力、處理人際關係的衝突、甚至個人理想的失落，

9　P. Brickman and D.T. Campbell. "Hedonic relativism and planning the good society", M. H. Apley, ed., *Adaptation Level Theory: A Symposium*, Academic Press, 1971, pp.287-302.

全部都是精神折磨，不少人更因此輕生。更麻煩的是人生
願望與目標層出不窮，但能夠實現的只在少數。此乃人生
精神痛苦的基調，雖有程度深淺之分，但無人能免。

生活風險：或許有些人得天獨厚，身心條件都比常人
優越，人生樂多於苦。但再幸福的人生，仍難逃命運的播
弄。只要遇上一次車禍或遇人不淑被騙，餘生往往就是悲
劇收場。不要忘記，所有人都不知道下一秒會不會遇上什
麼意外，人生就是每天都在不確定的歷程下的冒險。

生活質素論證向來不被哲學界與大眾認可，原因在
於以上三點都會隨時代與環境而變，不見得是人類的普
遍情況。就此我認為反對者忽略了班奈特提到的另外兩
點補充，首先是痛苦與快樂於經驗上的不對稱(empirical
asymmetries)。[10]人生中的快樂，例如感官刺激或情緒，都
是轉瞬即逝。反之，身心的痛苦往往曠日持久。此外，經
驗告訴我們，人是非常容易受傷的生物，而人生的痛苦
多是不請自來(例如病痛)，可是快樂卻要耗盡心力才能繼
續。換言之，痛苦是持續而不能擺脫，快樂卻是短暫而難
以獲得，此乃人類生命的基調。其次，反對者或會說，班
奈特把生活質素的門檻定得太高了，根本不是人類生命所
能企及。就此班奈特回應道，也許一種比我們更好的生命
模式不再是人類的生活，但這並不意味著人類的生活不比

---

10 Benatar, David, and David, Wasserman. *Debating Procreation: Is It Wrong to Reproduce?*, pp.48-49.

那個理想模式糟糕，[11]而只反面證明人類生命型態的幸福上限值太低，人生本身就註定可悲。

綜合以上論點，說人生苦多於樂似乎合理不過。其實現在很多拒絕生育的夫婦，其動機不正是了解到人生痛苦，因而不想下一代受害嗎？（編按：本書〈其實人生遠比你所想的痛苦？〉亦有相關論述，讀者可一併閱讀。）

同意論證

方才兩項論證說明了生存必然承受各種傷害，但即使如此，倘若出生者樂於承擔風險，生育仍不能算錯。可惜正如前文拉菲爾所言，天下間的子女根本從未同意出生，卻要承受生而為人的各種苦難，因此生育無疑是不道德的。這種觀點正是利康等人主張的「同意論證」（The Consent Argument）。[12]此論證的基本精神是，未經對方同意，令其置身於可能的傷害之中，就是不道德的行為。詳細的原則如下：

「同意原則」[13]：只有在以下任一條件下，某人才可合理地令對方面臨可能的傷害：A、對方已給予知情同意

---

11 Benatar, David. "Still Better Never to Have Been: A Reply to (More of) My Critics". *Journal of Ethics* 17 (1-2), 2013, p.147.

12 Licon, Jimmy Alfonso. "The immorality of procreation". *Think*. Volume 11, Issue 32, September 2012, pp.85-91.; Shiffrin, Seana. "Wrongful life, procreation responsibility, and the significant of harm" *Legal Theory*. Volume 5, Issue 02, June 1999, pp.117-148.

13 Ibid, p.87.

（Informed Consent）[14]；B、此舉是為了保障對方的最大利益，而且對方未能表達意願；C、對方理應承受那些可能的傷害。

在以上原則中，設置ABC三項條件的用意是容許一些合理的傷害行為。條件A強調知情同意，如果對方於沒有足夠資訊，或缺乏理性判斷力，或失去理智的情況下（例如小童和神智不清人士），其他人就可按其利益強迫他們服從，比方說接受教育或治療。條件B旨在保障對方利益，好像一些無法表達意願的病人，家人可合理地因健康考慮，代病人決定接受高風險手術。最後，條件C針對的是傷害是否應得，例如某人因搶劫而入獄，雖然他並不情願，亦不符合其利益，但監禁仍然是他應得的合理懲罰。

回到生育的討論，潛在子女由於並未存在，因而不合符以上三項條件：A、我們邏輯上不可能得到其知情同意；B、不存在的人並無利益需要保護；C、不存在的人亦無任何應該承受傷害的理由。因此，生育就是未經對方同意下，令其置身於可能的傷害中的不道德行為。

面對「同意論證」，有兩種反駁值得一提。首先，有論者認為如果能為對方帶來好的結果，未經同意的行為也可以視為合理。再者，不少人會說潛在子女雖然不可能事前同意，卻往往可以事後同意——當子女長大後，會認同並感謝父母當初生育的決定，可惜這兩種反駁都站不住腳。

---

14 所謂的知情同意，簡言之就是在知道充分的相關事實與資訊下所作的同意。

試設想以下情況[15]：你在未得女朋友的同意下，挪用她的儲蓄來投資股票。假設你的動機完全是為她好，你亦有理由相信該股票風險極低，最後亦因此獲利，可是你認為這種不問自取的行為，會因獲利而變得沒有道德問題嗎？再進一步而言，想像女朋友對你說：「雖然現在想來，我當初應該會同意，但你不問自取就是不對」。你認為這個道德譴責是否無理取鬧？我相信大部份人都會認為兩者的答案為否，可見從後果或事後同意都不足以反對「同意論證」，生育因此仍然是不道德的。

厭人式論證

無論是「價值論的不對稱性論證」、「生活質素論證」或「同意論證」，着眼的都是受絕育影響的潛在子女，但反生育主義的哲學理據不限於此。另一類反生育的論證屬「厭人式論證」，強調人類的存在就是世間罪惡和痛苦的根源，製造人類無疑是傷害其他生命，理應停止。這個論證的前提和結論如下：

前提一：如果有任何物種不斷為世界帶來罪惡和痛苦，例如殘害同伴和其他物種，我們應有道德責任停止製造更多該物種的新成員。

前提二：人類這個物種整體來說正是不斷傷害自身與其他物種，以至地球。

結論：因此我們有責任停止製造更多人類。

---

15 此例子修改自Licon, Jimmy Alfonso. "the immorality of procreation".

先審視前提一，想像如果有科學家企圖製造一種會不斷殺害其他生命的生物，我相信絕大部份人都同意應該阻止，現在這種生物就是人類而已。可見這前提爭議不大。就前提二而論，人類是地球上少數會大規模殺害同類的生物。我們知道殺害動物最多的生物是人類，但殺害人類最多的生物也是人類，例如單單是二戰期間就有約五千萬人被殺。就算不談戰爭這些日漸罕有的情況，現代社會的罪案，如謀殺傷人強姦等，也是無日無之。再退一步，就算身處文明地區，日常生活中各種人際關係間的傷害，例如性別歧視、校園欺凌、情感欺騙等，同樣俯拾皆是，不能根絕。

　　除了傷害同類，人對動物與環境的殘害更是罄竹難書。每年有超過幾百億隻動物被宰殺供人類食用，更不要忘記這些「食用動物」死前，於現代密集農場的生活有多淒慘。再者，每年因動物實驗與工作而死亡的動物亦以百萬計。就算是幸運一點的寵物，被棄養流浪、疏忽照顧甚至虐待的也不在少數。另一方面，人類對地球環境的破壞同樣有目共睹。大量科學報告早已指出，現在碳排放與其他污染物的超標，已瀕臨不可挽救的局面。如果環保是我們致力追求的目標，源頭減廢無疑是最佳方法，而最徹底的源頭減廢，當然就是減少人口，拒絕生育！（編按：本書〈絕育才是道德？〉亦有相關論述，讀者可一併閱讀。）

反生育者的論證策略

　　現在讓我把反生育主義者的論證重新排列，以顯示其理據的精密與強度。上述四項論證從未出生到生而為人，由個人福祉擴展至地球所有生命，層層推進，雖然環環相扣，也可獨立看待：

1. 「價值論的不對稱性論證」顯示為何不曾存在定必比存在要好，因此生育必然對子女弊多於利。

2. 如果你不同意1，認為生而為人仍可能比不曾存在要好，「生活質素論證」將解釋為何人生在世，總是苦多於樂。

3. 哪怕你反對1和2，相信生而為人仍有機會樂多於苦，但根據「同意論證」，生育終究是未經子女同意的錯誤，而且就算他們的人生最終樂多於苦，或事後同意，依然不改其道德錯誤。

4. 即使你由1到3全不認同，但「厭人式論證」指出，製造人類，其實會嚴重傷害其他在世的人、動物以及大自然，理應停止。

　　大家只需接受上述其中一項便有極強的理由反對生育。如果你同意多於一項的話，那絕育就更是不可避免的結論了。

常見的反駁

　　概述了反生育主義的理據後，最後讓我簡單回應一些常見的質疑：

問：反生育主義者既然認為生存如此痛苦，為什麼不
　　自殺？又是否主張殺掉其他人？

答：反生育主義者雖然相信出生是壞事，但同時也可
　　以認為死亡是壞事。事實上不少人認為，生而為
　　人的痛苦之一就是必須面對死亡。關鍵在於，絕
　　育是拒絕令下一代的人和其他物種受苦，而不論
　　自殺還是他殺，都不免傷害已存在的人。這與反
　　生育主義停止製造痛苦的主張背道而馳，所以反
　　生育主義者並不支持自殺和他殺。[16]

問：反生育主義者為什麼無視生育相關的正面價值？
　　比方說組織家庭本身就有其內在價值。

答：反生育主義者並沒有否認生育本身或生而為人，有
　　其快樂或其他正面價值。不過在衡量當中的利弊
　　後，反生育主義者相信人生總是壞多於好，所以絕
　　育才是正確。至於組織家庭方面，其實人們大可以
　　領養代替生育，此舉既可拯救在世的無辜兒童，又
　　不必製造更多不幸的生命，可謂兩全其美。

問：反生育主義者是否希望人類滅亡？

答：按方才四項論證引申，答案無疑是肯定的。不過反
　　生育主義者有以下三點補充：第一，即使宇宙也有
　　完結的一天，人類滅亡只在早晚，絕育最多只是提
　　早人類滅亡的來臨；第二，相比大屠殺、天災等情

16　Benatar, David. "Still Better Never to Have Been: A Reply to (More of) My
　　Critics". pp.121-151.

況，絕育無須傷害任何在世人士，是最人道的滅亡
手段；最後，如果方才的四項論證正確，人類滅亡
其實相當於再沒有人受苦，絕育反倒是更慈悲和正
確的選擇，是真正愛護人類的悲願。

結語

基於生物本能與社會文化影響，很多人都認為反生育
主義荒謬不已。但這種本能式的抗拒卻未必經得起理性考
驗。更重要的是，反生育主義其實涉及自殺與他殺、人生
意義、物種與環境保護、種族滅亡與未來世代等一連串的
道德議題。即使你不認同反生育主義，但從相關討論中，
至少可以反省自身的人生觀，繼而思考人類的未來。

參考書目：

Benatar, David. *Better Never to Have Been: The Harm of Coming into Existence.* Oxford University Press, 2006.

Benatar, David. "Still Better Never to Have Been: A Reply to (More of), My Critics". *Journal of Ethics* 17 (1-2), 2013. pp.121-151.

Benatar, David, and David, Wasserman. *Debating Procreation: Is It Wrong to Reproduce?* Oxford University Press, 2015.

Licon, Jimmy Alfonso. "The immorality of procreation". *Think*. Volume 11, Issue 32, September 2012, pp.85-91.

P. Brickman and D.T. Campbell. "Hedonic relativism and planning the good society". *Adaptation Level Theory: A Symposium*, M. H. Apley, ed., Academic Press, 1971, pp.287-302.

Shiffrin, Seana. "Wrongful life, procreation responsibility, and the significant of harm" *Legal Theory*. Volume 5, Issue 02, June 1999, pp.117-148.

Taylor, Shelley E., *Positive Illusions: Creative Self-Deception and the Healthy Mind.* Basic Books, 1989.